国家智库报告 2019(35)
National Think Tank
中国非洲研究院文库·智库系列

中国与阿尔及利亚友好合作

王金岩 著

THE FRIENDLY COOPERATION BETWEEN
CHINA AND ALGERIA

中国社会科学出版社

图书在版编目(CIP)数据

中国与阿尔及利亚友好合作/王金岩著.—北京：中国社会科学出版社，2019.10

(国家智库报告)

ISBN 978-7-5203-5460-8

Ⅰ.①中… Ⅱ.①王… Ⅲ.①中外关系—友好往来—阿尔及利亚 Ⅳ.①D822.241.5

中国版本图书馆CIP数据核字(2019)第232547号

出 版 人	赵剑英
项目统筹	王 茵
责任编辑	喻 苗
责任校对	周 昊
责任印制	李寡寡

出　　版	中国社会科学出版社
社　　址	北京鼓楼西大街甲158号
邮　　编	100720
网　　址	http://www.csspw.cn
发 行 部	010-84083685
门 市 部	010-84029450
经　　销	新华书店及其他书店
印刷装订	北京君升印刷有限公司
版　　次	2019年10月第1版
印　　次	2019年10月第1次印刷
开　　本	787×1092　1/16
印　　张	11.5
插　　页	2
字　　数	115千字
定　　价	59.00元

凡购买中国社会科学出版社图书，如有质量问题请与本社营销中心联系调换
电话：010-84083683
版权所有　侵权必究

充分发挥智库作用
助力中非友好合作

——《中国非洲研究院文库》总序

当今世界正面临百年未有之大变局。世界多极化、经济全球化、社会信息化、文化多样化深入发展，和平、发展、合作、共赢成为人类社会共同的诉求，构建人类命运共同体成为各国人民共同的愿望。与此同时，大国博弈激烈，地区冲突不断，恐怖主义难除，发展失衡严重，气候变化凸显，单边主义和贸易保护主义抬头，人类面临许多共同挑战。中国是世界上最大的发展中国家，是人类和平与发展事业的建设者、贡献者和维护者。2017年10月中共十九大胜利召开，引领中国发展踏上新的伟大征程。在习近平新时代中国特色社会主义思想指引下，中国人民正在为实现"两个一百年"奋斗目标和中华民族伟大复兴的"中国梦"而奋发努力，同时继续努力为人类做出新的更大的贡献。非洲是发展中国家最集中的大陆，是维护世界和平、促进全球发展的重要力量之一。近年来非洲在自主可持续发展、联合自强道路上取得了可喜进展，从西方眼中"没有希望的大陆"变成了"充满希望的大陆"，成为"奔跑的雄狮"。非洲各国正在积极探索适合自身国情的发展道路，非洲人民正在为实现"2063年议程"与和平繁荣的"非洲梦"而努力奋斗。

中国与非洲传统友谊源远流长，中非历来是命运共同体。中国高度重视发展中非关系，2013年3月习近平同志担任国家主席后首次出访就选择了非洲，2018年7月习近平同志连任国家主席后首次出访仍然选择了非洲。6年间，习近平主席先后4次踏上非洲大陆，访问坦桑尼亚、南非、塞内加尔等8国，向世界表明中国对中非传统友谊倍加珍惜，对非洲和中非关系高度重视。2018年中非合作论坛北京峰会成功召开。习近平主席在此次峰会上，揭示了中非团结合作的本质特征，指明了中非关系发展的前进方向，规划了中非共同发展的具体路径，极大完善并创新了中国对非政策的理论框架和思想体系，成为习近平外交思想的重要理论创新成果，为未来中非关系的发展提供了强大政治遵循和行动指南，是中非关系发展史上又一次具有里程碑意义的盛会。

随着中非合作蓬勃发展，国际社会对中非关系的关注度不断加大，出于对中国在非洲影响力不断上升的担忧，西方国家不时泛起一些肆意抹黑、诋毁中非关系的奇谈怪论，诸如"新殖民主义论""资源争夺论""债务陷阱论"等，给中非关系发展带来一定程度的干扰。在此背景下，学术界加强对非洲和中非关系的研究，及时推出相关研究成果，提升国际话语权，展示中非务实合作的丰硕成果，客观积极地反映中非关系良好发展，向世界发出中国声音，显得日益紧迫重要。

中国社会科学院以习近平新时代中国特色社会主义思想为指导，按照习近平主席的要求，努力建设马克思主义理论阵地，发挥为党和国家决策服务的思想库作用，努力为构建中国特色哲学社会科学学科体系、学术体系、话语体系做出新的更大贡献，不断增强我国哲学社会科学的国际影响力。我院西亚非洲研究所是根据毛泽东主席批示成立的区域性研究机构，长期致力于非洲问题和中非关系研究，基础研究和应用研究并重，出版发表了大量学术专著和论文，在国内外的影响力不断扩大。以西亚非洲研究所为主体于2019年4月成立的中国非洲研究院，是习近平主席在中非合作论坛北京峰会上宣布的加强中非人文交流行动的重要举措。

按照习近平主席致中国非洲研究院成立贺信精神，

中非研究院的宗旨是：汇聚中非学术智库资源，深化中非文明互鉴，加强治国理政和发展经验交流，为中非和中非同其他各方的合作集思广益、建言献策，增进中非人民相互了解和友谊，为中非共同推进"一带一路"合作，共同建设面向未来的中非全面战略合作伙伴关系，共同构筑更加紧密的中非命运共同体提供智力支持和人才支撑。中国非洲研究院有四大功能：一是发挥交流平台作用，密切中非学术交往。办好"非洲讲坛""中国讲坛"，创办"中非文明对话大会"。二是发挥研究基地作用，聚焦共建"一带一路"。开展中非合作研究，定期发布研究课题及其成果。三是发挥人才高地作用，培养高端专业人才。开展学历学位教育，实施中非学者互访项目。四是发挥传播窗口作用，讲好中非友好故事。办好中英文中国非洲研究院网站，创办多语种《中国非洲学刊》。利用关于非洲政治、经济、国际关系、社会文化、民族宗教、安全等领域的研究优势，以及编辑、图书信息和综合协调实力，以学科建设为基础，加强学术型高端智库建设。

为贯彻落实习近平主席的贺信精神，更好汇聚中非学术智库资源，团结非洲学者，引领中国非洲研究工作者提高学术水平和创新能力，推动相关非洲学科融合发展，推出精品力作，同时重视加强学术道德建设，中国非洲研究院面向全国非洲研究学界，坚持立足中国，放眼世界，特设"中国非洲研究院文库"。"中国非洲研究院文库"由中国非洲研究院统一组织出版，下设多个系列丛书："学术著作"系反映非洲发展问题、发展道路及中非合作等系统性专题研究成果；"经典译丛"主要把非洲学者有关非洲问题研究的经典学术著作翻译成中文出版，力图全面反映非洲本土学者的学术水平、学术观点和对自身的认识；"法律译丛"即翻译出版非洲国家的投资法、仲裁法等重要法律法规；"智库报告"以中非关系为研究主线，为新时代中非关系顺利发展提供学术视角和智库建议；"研究论丛"基于国际格局新变化、中国特色社会主义进入新时代，集结中国专家学者对非洲发展重大问题和中非关系的创新性学术论文。

期待中国的非洲研究和非洲的中国研究在中国非洲研究院成立的新的历史起点上，凝聚国内研究力量，联合非洲各国专家学者，开拓进取，勇于创新，不断推进我国的非洲研究和非洲的中国研究以及中非关系研究，从而更好地服务于中非共建"一带一路"，助力新时代中非友好合作全面深入发展。

中国社会科学院副院长　中国非洲研究院院长

蔡　昉

摘要：中国与阿尔及利亚的双边关系可以概括为友谊深厚，合作成果丰富和相互尊重历史悠久。1958年9月阿尔及利亚临时政府成立后，中国即予以承认，是第一个承认阿尔及利亚的非阿拉伯国家。同年12月20日两国建交后，双方各领域友好合作关系不断发展。进入21世纪后，中国与阿尔及利亚的友好合作发展更加快速，并逐渐具有了战略合作的性质。2014年，阿尔及利亚成为第一个与中国建立全面战略伙伴关系的阿拉伯国家，这也是双方亲密关系的有力见证。中国的"一带一路"倡议提出后也得到阿尔及利亚的热烈响应，阿尔及利亚官员一直强调共同推动"一带一路"建设的重要性，以拓展双边在基础设施和工业方面的合作，提升两国的贸易额。两国始终保有多层次的政治交往，在国际和地区事务中保持密切的沟通和协调。两国间的经贸往来不断取得重大进展，从2014年开始，中国成为阿尔及利亚第一大进口来源国。双边贸易额在过去10年间增长了10倍。阿尔及利亚是中国在海外最大的承包工程市场之一。已经有数百家中国公司承接了阿尔及利亚国内的建筑工程项目，包括高速公路、酒店、医院、住房项目等。中国公司因工作效率高、工程质量高和人员素质高在阿尔及利亚国内享有盛誉。两国在科技、文化、教育、卫生、军事等多方面都保持长期友好合作。当前，阿尔及利亚正处于政治、经济、社会转型阶段,未来的中阿合作因此面临诸多新的机遇与挑战。

关键词:中国;阿尔及利亚;友好合作;"一带一路"倡议;战略伙伴关系

Abstract: Algeria-China relations are characterized by friendship, fruitful cooperation and mutual respect. In 1958, the Algerian Interim Government was recognized by China, which was considered as the first Non-Arab country recognizing Algeria. On December 20th of the same year, the diplomatic relations were established between the two countries, then the friendly relations of cooperation have been developing continuously. After entering this century, the friendly cooperation between the two countries has achieved more rapid development and become strategic partnership. In 2014, Algeria became the first Arab country to forge a comprehensive strategic partnership with China, which can fully testify the close relations between the two countries. The Belt and Road Initiative when proposed also got positive response from Algeria. The Algerian officials stressed the importance of jointly implementing this Initiative, expanding cooperation in infrastructure, industry and increasing of the volume of trade between the two countries. These two countries maintained regular political exchanges and continued to keep close consultation and coordination in regional and international affairs. Economic and trade cooperation made new progress. Since 2014, China has become Algeria's largest source of imports, with two-way trade volume increasing by 10 times over the past decade. Meanwhile, Algeria has become one of the biggest markets for China's overseas construction contractors, as hundreds of Chinese companies are undertaking in Algeria various construction projects, including highways, hospitals and housing units. Chinese companies have been heavily involved in developing Algerian infrastructure; their reputation for doing quality work at a good price is well established across the country. The two countries see further development in their military, health, cultural, education and technology exchanges and cooperation. Algeria now is in the transition period of political, economic and social fields, so that the cooperation between China and Algeria is facing new opportunities and challenges.

Key Words: China; Algeria; Friendly Cooperation; the Belt and Road Initiative; Strategic Partnership

目 录

前言 阿尔及利亚的国际地位及其影响 …………（1）

一 阿尔及利亚政治和经济发展环境 ……………（1）
　（一）阿尔及利亚政治制度和政治发展
　　　　特点 ……………………………………（1）
　（二）阿尔及利亚社会经济发展环境和
　　　　特点 ……………………………………（13）
　（三）阿尔及利亚社会文化特点与法律
　　　　环境 ……………………………………（27）

二 中阿关系的发展和全面战略关系的形成 ……（43）
　（一）阿尔及利亚对外关系的特点 ……………（43）
　（二）中阿关系的历史和现实基础 ……………（48）
　（三）中阿全面战略合作关系的确立和
　　　　特点 ……………………………………（58）

三 "一带一路"与中阿合作新机遇和新动力 …………………………………… (68)

（一）中国与阿尔及利亚的发展战略及其对接分析 …………………………………… (69)

（二）中国和阿尔及利亚共建"一带一路"的机遇、条件和动力 ……………………… (80)

（三）中国和阿尔及利亚共建"一带一路"的主要领域和进展 ………………………… (86)

四 新时代中阿建设全面战略关系的途径和建议 …………………………………… (103)

（一）以新发展观推进中阿国家能力建设 … (103)

（二）以新安全观推进中阿安全环境建设 …… (118)

（三）中阿合作中共同防范的风险和应对方略 …………………………………… (125)

结语 共建"一带一路"引领中阿关系迈上新阶段 …………………………………… (147)

（一）中阿关系仍有巨大的发展潜力 ……… (148)

（二）两国都有继续深化发展关系的意愿 …… (149)

（三）两国发展关系具有平台支撑 ………… (152)

参考文献 …………………………………………… (159)

前言　阿尔及利亚的国际地位及其影响

阿尔及利亚民主人民共和国位于非洲西北部，北临地中海，海岸线长约1200千米，与欧洲国家隔地中海相望，东邻突尼斯、利比亚，南与尼日尔、马里和毛里塔尼亚接壤，西与摩洛哥、西撒哈拉交界。其陆地面积居非洲国家之冠、地中海国家之冠和阿拉伯国家之冠，居全球第10位。从地形地势看，自北向南依次为滨海平原与丘陵、中部高原和南部撒哈拉沙漠三部分。由于地理条件复杂，以及自然气候、生存环境等多方面的差异，且不同地区民众的习俗也不同，因此，阿尔及利亚社会呈现多个民族共处、不同文化交融的局面。

从政治局势看，阿尔及利亚在布特弗利卡执政的20年间基本保持稳定。原定于2019年4月举行新一届总统选举，自2月起民众自发举行抗议示威游行，反对布特弗利卡谋求连任，并要求彻底改变阿尔及利亚现行政治制度。当前，阿尔及利亚处于政治过渡阶段。从经济情况看，阿尔及利亚的经济规模在非洲位居前列，石油、天然气、矿产等能源资源储备丰富，能源产业是其国民经济支柱。从社会文化看，阿尔及利亚兼具阿拉伯、柏柏尔和非洲的特征和属性，同时带有法国殖民统治的深刻烙印。在国际事务中，阿尔及利亚奉行独立、自主和不结盟的外交政策，主张尊重国家主权与领土完整、互不干涉内政、互不使用武力，在相互尊重、互利和对话基础上寻求广泛合作，外交为经济建设服务。反对大国强权政治和借口人权干涉别国内政，主张建立公正合理的国际政治、经济新秩序。阿尔及利亚与世界大国都保持并全方位地发展关系。

（一）阿尔及利亚与世界上绝大多数国家都保持友好交往

阿尔及利亚与欧洲国家一直是亲密的合作伙伴。由于地理上的隔海相邻和历史上的殖民经历，阿尔及利亚与欧盟国家关系紧密，在多方面都相互影响。欧盟多国都与阿尔及利亚保持稳定的政治关系，相互间高层互访频繁。欧盟是阿尔及利亚最大的贸易伙伴，阿尔及利亚是欧盟第二大天然气供应国，占据欧盟天然气市场的1/4。双方曾签署贸易交流、财经合作、阿尔及利亚在欧盟劳工享受便利等多项合作协议。其中，阿尔及利亚与法国的关系最为紧密。两国有深厚的传统关系，近年间的政治交往仍然十分频繁。法国是阿尔及利亚最大的债权国和最主要的贸易伙伴之一。阿尔及利亚是法国在非洲的第一大贸易伙伴、重要的能源供应国和商品出口目的地。当前，有逾200万阿尔及利亚侨民长期生活在法国。阿尔及利亚人的语言、文化、习俗等多方面都深受法国影响。阿尔及利亚支持建立地中海国家联盟，以促进环地中海国家间加强经济往来和反恐合作。

阿尔及利亚与美国关系快速发展。进入21世纪以来，两国高层互访不断。美国曾在2004年宣布给予阿尔及利亚普通最惠国待遇。两国也签署了互换税务信息的协定。美国是阿尔及利亚最大的贸易伙伴国，阿尔及利亚原油出口一半以上销往美国。多数阿尔及利亚现政权的高级官员都曾在美国接受教育，深受美国思想影响，这将影响到阿尔及利亚对外关系的发展。

阿尔及利亚与中国和俄罗斯的关系也一直十分密切。中国和俄罗斯（苏联）都是在阿尔及利亚正式独立前即对其予以承认并与之建立外交关系。当前，两国都与阿签署了战略伙伴关系协定。阿尔及利亚与中国具有深厚的传统友谊。两国自建交至今的60多年间在各领域的友好合作关系稳步向前发展。当前，两国间的友好合作关系被誉为"南南合作的典范"。阿尔及利亚与俄罗斯定期开展政治对话。俄罗斯是阿尔及利亚武器进口的主要来源国，两国在航天领域和基础设施建设领域都有合作。

阿尔及利亚与非洲邻国关系紧密。阿尔及利亚与突尼斯于1983年签署《友好和睦条约》，此后两国关系密切，政治互访频繁，经济合作发展较快。阿尔及利亚与毛里塔尼亚致力于发展睦邻友好关系，签有渔业合作协议。利比亚是阿尔及利亚的重要邻国。2011年，利比亚发生政治变局，阿尔及利亚以"人道理由"接受其前领导人卡扎菲的妻子、女儿和两个儿子入境，在战争中及战后接收并安置了大量难民。此后，利比亚陷入长期的战后乱局，恐怖极端势力趁机作乱。阿尔及利亚等邻国都受到严重波及，不堪其扰，加强了对边境安全的管控；同时也积极参与利比亚战后的政治斡旋，多次主导召开利比亚问题国际会议，以期其早日实现政治稳定。2012年，阿尔及利亚的南部邻国马里也经历了政治动乱，阿尔及利亚积极参与斡旋，在阿尔及尔举行马里各方和谈受到国际社会的肯定。此外，近年来，"基地"组织、"博科圣地""伊斯兰国"等极端组织在非洲中、北部大肆扩张，阿尔及利亚及其非洲邻国都受到不同程度的安全威胁。阿尔及利亚加强与地区国家在反恐方面的合作，以共同应对危机。

从总体看，阿尔及利亚与世界绝大部分国家都保持正常的交往关系。但是，其与摩洛哥之间就"西撒哈拉"地区归属问题仍存在争议。西撒哈拉北邻摩洛哥，东、南接阿尔及利亚和毛里塔尼亚，西濒大西洋，海岸线长约900千米。境内大部分为沙漠和半沙漠地带。这里磷酸盐储量丰富，此外还有钾、铜、石油、铁、锌等资源。1934年，西撒哈拉沦为西班牙殖民地，1958年改为西班牙的海外省。1973年5月，萨基亚阿姆拉和里奥德奥罗人民解放阵线（简称"西撒人阵"或波利萨里奥）宣布成立，决定通过武装斗争方式争取西撒哈拉独立。1975年11月14日，西班牙、摩洛哥、毛里塔尼亚签订《马德里协议》，规定西班牙于1976年2月26日撤离西撒哈拉。摩洛哥、毛里塔尼亚随即签订分治西撒哈拉协定，摩洛哥占领北部17万平方千米，毛里塔尼亚占领南部9万多平方千米。阿尔及利亚谴责摩洛哥、毛里塔尼亚瓜分西撒哈拉。1976年2月27日，"西撒人阵"宣布成立阿拉伯撒哈拉民主共和国。摩洛哥、毛里塔尼亚军队与"西撒人阵"的武装力量不断发生冲突。1979年8月，毛里塔尼亚同"西撒人阵"签订和平协定，放弃对西撒哈拉的领土要求，退出西撒战争，摩洛哥乘机占领了毛里塔尼亚退出的地区。当前，摩洛哥控制区占西撒哈拉土地大约2/3，"西撒人阵"控制其余地区，得到阿尔及利亚的承认与支持。为此，阿尔及利亚与摩洛哥一度断绝外交关系。1988年两国复交，但直至2019年，两国边境仍处于关闭状态。

（二）阿尔及利亚兼具阿拉伯、伊斯兰和非洲属性

阿尔及利亚是阿拉伯国家联盟、非洲联盟、马格里布联盟和伊斯兰会议组织的成员国，兼具上述多重属性。

阿尔及利亚积极参与阿拉伯事务，倡导实现公正、全面、持久的和平。在巴以问题上，强烈谴责以色列针对巴勒斯坦平民的暴力犯罪和以军队在加沙的暴行。在核问题上，支持所有《核不扩散条约》签约国拥有和平利用核能技术的权利，反对在核问题上实行双重标准。对于在阿拉伯剧变中经历政治变局的国家，阿尔及利亚主张尊重本国人民的自主选择，倡导通过政治对话方式实现国内的政局稳定，反对任何外来武力干涉，坚持在阿盟框架内解决问题。

阿尔及利亚努力促进非洲的团结与和平。它作为

非洲联盟中的大国积极参与斡旋一些动荡国家的国内冲突。它主张执行联合国相关决议，区分恐怖势力和一般叛军，通过全面、综合方式解决政治、人道和安全危机，尊重本国政府对解决危机的领导地位；主张在尊重国家主权和领土完整前提下，由冲突各方通过对话，以政治方式解决分歧。阿尔及利亚在非洲展现出的大国风范受到国际社会和非洲多国的肯定。

阿尔及利亚积极致力于马格里布联盟建设。阿尔及利亚曾于1994—2003年担任马格里布联盟轮值主席国。近年来，阿尔及利亚与马格里布联盟成员国关系稳步发展。它认为其创立和建设符合地区根本利益，有利于马格里布地区各国反恐合作及地区的安全稳定和经济发展。马格里布地区实现政治、经济、社会一体化是该地区年轻一代的希望，任何人无权草率行事，也不能置之不理或设置障碍。

阿尔及利亚拥护伊斯兰会议组织的宗旨，即促进各成员国之间的团结，加强他们在经济、社会、文化、科学等方面的合作；努力消除种族隔离和种族歧视，反对一切形式的殖民主义；支持巴勒斯坦人民恢复其民族权利和重返家园的斗争；支持所有穆斯林人民保障其尊严、独立和民族权利的斗争。阿尔及利亚积极参加组织内各级别会议。

（三）阿尔及利亚具有重要的国际地位和影响

从总体国际形势看，阿尔及利亚拥护建立民主、公正、平等的国际关系新秩序。阿尔及利亚对当前总体国际形势的观点是：国际关系正处在变化和重组之中，世界和平与安全以及各国的发展仍是当前紧迫的课题。世界形势趋向缓和，全球性冲突虽已避免，但地区冲突依然存在。主张多极化，反对单边主义，主张以国际法和联合国宪章的宗旨和原则为基础，建立民主、公正、平等的新型国际关系和国际秩序。

从地理位置看，阿尔及利亚是跨越欧洲和非洲的重要交通枢纽。阿尔及利亚认为发达国家应承担起相应的国际责任。体现在全球当前的一个重大议题——气候变化问题上，阿尔及利亚坚持《联合国气候变化框架公约》和《京都议定书》是气候变化谈判的唯一基础和原则，坚持"共同但有区别的责任"，呼吁各方严格遵循《巴厘岛路线图》确定的目标和期限，主张发达国家应率先承担相关责任，切实履行减排承诺，并通过技术转让等方式帮助发展中国家有效应对气候变化。同时，阿尔及利亚力促加强非洲国家在联合国的代表性。联合国的改革应以增加其活力和信誉为宗旨，遵循"民主化、合理化和效率化"三原则，正确反映国际关系变化，充分考虑各地区平衡和绝大多数成员国的利益，强调国际社会须通过协商达成共识。阿尔及利亚坚决主张让所有国家参与联合国所有机构的管理，认为必须改变非洲在联合国安理会代表性不足的问题，坚决支持非盟关于联合国改革的共同立场，即非洲应获得两个拥有否决权的安理会常任理事国席位。安理会扩大仅是联合国改革的一部分，联合国改革还应包括社会、经济运行模式在内的其他方面的改革。非洲国家在这些方面都可发挥作用。

从政治局势看，阿尔及利亚长期保持稳定，即使在政治过渡时期，依然能采取和平、协商的方式。阿尔及利亚也是促进地区稳定的推动力量。阿尔及利亚所处的阿拉伯世界和北部非洲多国长期处于动荡乱局。如，巴以问题长期得不到解决，两国尚未摆脱战乱困扰；叙利亚、利比亚自2011年战后至今一直没能实现政治稳定和社会安定，不同武装派别间缠斗难休；马里政府与反叛势力间的冲突也没有得到解决。阿尔及利亚主张以国际法与联合国宪章的宗旨和原则为基础解决国内和地区冲突，积极参与斡旋上述相关问题，以多种形式主导各方和谈，受到国际社会的肯定，成为促进地区稳定的推动力量。

从外交关系看，阿尔及利亚与世界大国都保持友好合作关系，与地区邻国都能和平共处，是实现地区安全的促进力量。阿尔及利亚深受恐怖动乱之害，对恐怖主义有切肤之痛。阿尔及利亚国内及其所处的地区深受恐怖主义的困扰。它认为应从全球角度分析恐怖主义，将其与争取解放和民族自决的合法斗争区分开来，避免将其与特定地区、文化和文明相挂钩。支持国际反恐合作，呼吁联合国主持召开国际反恐会议，签署国际反恐公约，统一界定恐怖主义，呼吁切断恐怖活动资金来源，将支付赎金行为定罪。对内，建立起强有力的军队和警察力量，维护国内的安全稳定。对外，加强与世界多国的反恐合作，其与美国、欧盟国家以及一些邻国间都缔结了合作反恐的协定，并以实际行动促进实现本地区，乃至世界的安全和稳定。

从经济情况看，阿尔及利亚经济规模大，能源、资源储量丰富，基础设施比较完备，高素质劳动力充足。阿尔及利亚是美国重要的能源来源国，是欧盟第二大天然气供应国，也是中国重要的海外市场，具有重要的国际地位和重大的影响力。

一 阿尔及利亚政治和经济发展环境

阿尔及利亚自1963年独立后,政局总体稳定,但是在20世纪90年代经历了10年动荡。1999年,布特弗利卡就任总统后,采取多种措施恢复国内和平与安定。国家政局逐步稳定,各方面的建设步入正轨。2019年,布特弗利卡结束第四个任期,阿尔及利亚当前正处于政治过渡阶段。阿尔及利亚自独立以来的经济建设取得较大发展,社会基本稳定,各方面的法律法规不断完善。当前,阿尔及利亚政局走向仍不明朗,由此使经济建设和安全形势也将面临诸多挑战。

(一)阿尔及利亚政治制度和政治发展特点

阿尔及利亚在独立前曾有130年的时间作为法国的殖民地。1958年,阿尔及利亚临时政府成立,1962

年正式宣布独立。总统在国家政治生活中居主导地位，每届任期5年，可否连选连任的问题在近20年的宪法修订规定中多次发生变动。2019年是阿尔及利亚的大选年，但大选未能如期举行。当前，国家正处于临时总统治下的政治过渡阶段，其政治制度还将发生变动。

1. 阿尔及利亚的基本政治制度

（1）政治体制

阿尔及利亚独立至今，根据其政治体制的不同可以分为两个阶段，分别为：1962—1988年的一党制政体和1989年至今的多党制政体。

1962年6月，阿尔及利亚宣告独立前夕，共有6个政党获得批准参加有关民族自决投票的宣传活动。当年7月，阿尔及利亚宣告独立。本·贝拉成为首任总统，宣布禁止除民族解放阵线外的一切政党活动。一党制政治体制从此确立起来。1963年颁布的宪法规定：阿尔及利亚实行总统制和民族解放阵线一党制。1976年6月通过的《阿尔及利亚国民宪章》中明确规定："阿尔及利亚的政治体制是以一党制为基础的。"执政党在国家政治中具有绝对的领导地位。在单一政党体制的统治下，阿尔及利亚先后经历了三任总统及其领导的十届政府。

1989年2月，阿尔及利亚通过新宪法，确立行政、立法与司法三权分立的政治模式；同时赋予人民言论、交往和结社的自由权。此前，阿尔及利亚全国人民议会通过了自独立后第一个有关组织社团的法律——《政治结社法》。自此，阿尔及利亚的单一政党体制被打破，逐步转向多党民主政治体制。1991年，阿尔及利亚举行的议会选举是其多党民主政治体制开启的重要标志。自1995年至今的总统选举都是多党共同参加。1996年，阿尔及利亚再次修改宪法，更加突出了民主政治的内容，保证了多党民主政治体制的进一步发展。1997年首次选举产生了由多个党派组成的议会，并组建由多个党派组成的执政联盟。阿尔及利亚多党民主政治体制真正实现。

（2）宪法

阿尔及利亚独立以来先后颁布并施行了四部宪法，分别为1963年宪法、1976年宪法、1989年宪法和1996年宪法。现行宪法于1996年11月经全民公决通过，也是对1989年宪法的修订。修订后的宪法主要内容有：①确定阿尔及利亚的伊斯兰、阿拉伯、柏柏尔属性；②禁止任何人在宗教、语言、种族、性别、社团主义和地方主义的基础上成立政党；③确定议会的组成方式和工作程序。议会由国民议会和民族院组成。国民议会议员直接通过普选产生；民族院议员的2/3由选举产生，1/3由总统指定；国民议会通过的法案须经民族院的3/4多数通过后才能生效。宪法还规定：阿尔及利亚实行总统制，总统由直接选举产生，任期5年；总统在议会产生前及其休会期间可以法令形式颁布法律；政府施政纲领如两次被国民议会否决，则解散国民议会，重新进行选举。民族院议长在总统职位暂时空缺时代理国家元首职权60天，并在此期间主持总统选举等。2008年11月，阿尔及利亚议会通过宪法修正案，取消对总统连任次数的限制。2016年2月，阿尔及利亚议会又一次通过宪法修正案，对政治权利和治理提出重大建议，包括保护公民权利和自由，加强司法独立，议会反对派拥有更多手段保持活跃，建立选举监督机构，规定总统只能连任一次等内容。

阿尔及利亚在宪法之外还有宪章，发挥着仅次于或类似于宪法的作用。阿尔及利亚独立至今先后通过并执行了3个宪章，即1964年的《阿尔及尔宪章》、1974年的《阿尔及利亚国民宪章》和1986年的《新国民宪章》。《阿尔及尔宪章》是阿尔及利亚独立后第一个建党治国的纲领。阿尔及利亚独立后的首个10年期间，国家的经济建设和社会发展都以此宪章精神为纲，将其作为发展民族精神，建立独立国家的总原则。《阿尔及利亚国民宪章》曾在阿尔及利亚政治中发挥重要作用，宪章中的一些内容曾作为阿尔及利亚根本大法的基础内容。该宪章确定了阿尔及利亚的社会主义属性，明确规定了党与国家的关系，还对国家的政治机构、经济和建设方针、国家人民军的任务，以及对外政策等做出详细的论述和规定。布迈丁总统在通过此宪章时曾指出："《阿尔及利亚国民宪章》是阿尔及利亚未来工作的计划。"沙德利总统在执政后也曾表示，"阿尔及利亚只有一个指导思想就是《阿尔及利亚国民宪章》"，"任何一项工作都要根据《阿尔及利亚国民宪章》行事"。1986年通过的《新国民宪章》对此前的《国民宪章》进行了比较大的修改，其中最主要的变化是淡化有关"社会主义"的内容，强化了"伊斯兰思想"的作用和地位。这成为自此至今阿尔及利亚政治发展的指导思想和大势所趋。

（3）政府机构设置

根据阿尔及利亚1996年宪法规定，共和国总统为国家元首，是整个国家的体现，在宪法规定的范围内行使最高权力。总统为全国武装力量的最高统帅，掌管国防，决定和领导国家的对外事务。总统行使行政权，负责任免政府总理，再根据总理的提名任命政府部长，主持部长会议，签署总统令，拥有赦免权。

阿尔及利亚重要的国家机构包括：总统府、总理府（也称总理办公厅）、政府秘书处、国家最高安全委员会、国家宪法委员会、伊斯兰最高委员会、审计法院等。政府机构的设置及成员数量不固定。总理府是专门为总理办公的一个常设机构。办公厅的人员由总理指定。政府秘书处自国家独立后即设立，在1977年前作为总统府的一个下属机构，自1977年后改为由总统直接领导，并享有独立的行政管理权。国家最高安全委员会负责处理国家处于紧急状态或戒严状态的各项事务，由总统、国民议会议长、民族院议长、政府总理、国家宪法委员会主席5人组成。当国家处于危急时刻，该委员会召开会议后作出决定，由总统颁布紧急状态法或戒严法令。国家宪法委员会是根据1989年宪法于同年成立，1996年宪法对该委员会的设置和任务做出修改。修改后的国家宪法委员会由9人组成，分别负责行政、立法、司法三方面事务。宪法委员会委员任期6年，不可连任，每3年改选一半。根据宪法委员会的组织管理法，其成员不能担任任何公职或从属于任何党派。伊斯兰最高委员会成立于1998年，是阿尔及利亚的全国性政治协商机构，接受总统府的行政管理。审计法院成立于1980年，主要职责为对国家财政及国有资产的管理者和受益者进行监督和审计，具有行政和司法的双重权限。

(4) 立法和司法机构设置

阿尔及利亚独立之初，选举组成"制宪国民议会"。1963年第一部宪法通过后，制宪国民议会更名为"国民议会"，作为一院制立法机构。1996年宪法通过后，阿尔及利亚改行两院制议会，分别为国民议会（众议院）和民族院（参议院），两院共同行使立法权。国民议会有权对政府进行监督和弹劾，民族院无此项权利。两院联席会议须由民族院议长主持，只有在民族院议长担任代理国家元首时，才由国民议会议长主持。政府首脑与国民议会议员都有法律提案权，前者提交的为法律草案，须经政府同意，后者提交的为法律建议，须由20名以上议员联合提出。最高司法委员会是阿尔及利亚司法最高权力机构，主席和副主席分别由总统和司法部长担任。总统在宪法规定的范围内行使最高司法权。国家的司法机关分三级：最高法院、省级法院和市镇法庭，不设检察院，在最高法院和省级法院设检察长，均受司法部领导。

(5) 政党

阿尔及利亚自独立后至1989年一直实行一党制，执政的民族解放阵线是唯一合法的政党。1989年7月，阿尔及利亚颁布了《政治结社法》，允许公民自由结社，组成政党。1996年通过的宪法修正案和1997年通过的《政党法》进一步确立了公民有自由结社的权利。全国先后成立并被批准了70多个政党。其中，民族主义派以"民族解放阵线""全国民主联盟"为代表，温和伊斯兰主义派以"争取和平社会运动""复兴运动"及"民族改革运动"为代表，社会民主派以

"社会主义力量阵线"和"文化与民主联盟"为代表。

2. 阿尔及利亚政治发展的特点

阿尔及利亚独立至今,其政治发展在不同时期具有不同的特点。长达百余年的殖民地经历对阿尔及利亚政治影响重大,其在独立后逐步摸索适合本国的政治制度。在20世纪的最后10年间经历了一场政治浩劫之后,阿尔及利亚基本保持政治稳定,直至2019年再次出现政治动荡。

(1) 殖民统治对阿尔及利亚的政治影响重大

阿尔及利亚自1830年沦为法国的殖民地至1962年独立经历了长达百余年的殖民统治,这段经历打破了阿尔及利亚原有的村社制度和封建结构的社会基础,对其政治体制带来深刻影响。法国先后以"军事殖民"和"民事殖民"的举措基本实现了对阿尔及利亚的全面征服,此后开始对阿尔及利亚施行"同化"政策,在行政管理、政策法规、司法制度、民政体制等方面都进行了深入的改革。其结果,阿尔及利亚的政治体制处于法国政体框架之下,政治模式转变为法国政治的模式,法国人以及拥有法国国籍的阿尔及利亚人主导阿尔及利亚政坛。直至1958年9月,由阿尔及利亚民族主义力量组成的阿尔及利亚临时政府宣告成立,对阿尔及利亚解放区实行政治领导,并开始全面领导国家的民族解放斗争，成为阿尔及利亚独立国家的合法政权代表，为阿尔及利亚建立独立政权奠定了政治基础。

(2) 独立初的"自管社会主义"

阿尔及利亚独立之初，建立起以本·贝拉为首的民族国家政权，在对殖民地政治体制进行全面变革的同时，建立起一种全新的政治体制——"自管社会主义"制度，为在阿尔及利亚建立社会主义制度奠定了基础。阿尔及利亚民族解放阵线取得对国家的领导权后，全力以赴地投入接管国家政权和恢复社会秩序的工作中，但对管理新生独立国家和恢复民族经济尚未提出具体的发展纲领。阿尔及利亚数十万农业工人和无地农民自发组织起来接管了法国农场主弃用的农场和土地，迅速恢复了农业耕种；沿海城市也出现了工人自发接管法国企业主遗弃的工厂和商店的浪潮，最后形成一场规模浩大的群众接管运动，被称为"工人自管运动"。阿尔及利亚政府全力支持这一运动，并将之视作是建立社会主义制度的基础方式。此后，阿尔及利亚政府颁布了"三月法令"，从法律上确立了"自管制度"在阿政治建设中的地位。然而，"自管社会主义"发展模式在执政党内部引起意见分歧，以布迈丁为首的一派认为"自管社会主义"不是真正的社会主义，也不符合阿尔及利亚的国情。1965 年，本·贝拉政权被推翻,"自管社会主义"制度随之终结。

(3) 从一党制到多党制的政治变革

1965年,布迈丁上台,提出建设"具有阿尔及利亚特色的社会主义",以一党制为基础,设立了三个阶段性目标。第一,巩固民族独立;第二,建立一个没有人剥削人的社会;第三,促进人的进步及其自由发展。1978年,布迈丁病逝。次年,沙德利接管政权。他在第一任期内着重对阿尔及利亚各级政府机构和大型国有企业进行政治整顿,并进行党内重新选举,前政权时期的主要党政领导人被迫离开政治舞台。他在第二任期内,进一步加快政治改革进程,其中最重大的举措就是从一党制改为多党制。1987年《政治结社法》的出台是阿尔及利亚走向多党民主政治的开端。阿尔及利亚政坛在短时间内涌现出数十个政党,打破了一党制政治格局。1989年的《新宪法》中取消了有关阿尔及利亚走社会主义道路的全部内容,是阿尔及利亚政治发展中的重要转折点。

然而,1989年后,由于阿尔及利亚政治改革的步伐过快,导致了国家政治局势出现混乱。一些反对党,尤其是宗教反对党参政议政的目的就是要夺取民族解放阵线手中的政权。1990—1991年,民族解放阵线在地方和全国立法选举中连遭失败,执政地位动摇,沙德利被迫退出政坛。自此，国家陷入严重的政治动荡，甚至发生了国家领导人被暗杀的恶性事件。1995年，阿尔及利亚首次成功举行了多党体制下的总统选举。泽鲁阿勒成为阿历史上第一位民选总统。1997年，阿尔及利亚组建了由多党参加的立法机构，自此多党制民主政治在阿正式确立。1999年，阿尔及利亚举行了第二次由多党参加的总统竞选，布特弗利卡当选，此后三次连任至2019年。

3. 阿尔及利亚政治局势现状及趋向

原定于2019年4月18日举行新一届总统选举。2月，布特弗利卡宣布继续参选，谋求第五任期，引发民众强烈抗议。民众认为：一方面，布特弗利卡自2013年中风后身患多种重病，已不能够履行总统职责。另一方面，民众要求改变长期保持的僵化的政治体制，实现彻底的民主化改革。自2月22日至今的每个周五（阿尔及利亚的休息日），阿尔及利亚境内大部分地区都会举行民众自发的大规模的示威游行。游行总体上是以和平、有序的方式进行，不干扰正常的社会秩序，军警与民众间未爆发大规模的冲突，也没有外部力量干预。

在民众持续抗议的压力下，布特弗利卡及其政权接连做出让步。他于4月2日宣布辞职。根据阿尔及利亚宪法，由民族院议长阿卜杜勒－卡迪尔·本·萨利赫担任为期3个月的临时总统。他宣布将于7月4日举行总统选举，但是，因没有政治势力参选而不得不延期举行。民众要求布特弗利卡执政期间的主要政治领导人全部下台，主要包括：现任临时总统本·萨利赫、宪法委员会主席塔伊布·白伊兹、政府总理努尔·丁·贝杜伊和总参谋长盖德·萨利赫等。宪法委员会主席已于2019年4月内辞职，另外三人仍然在位。此外，民众还要求实施彻底的政治民主化改革，即制定并以公投的形式通过新宪法，而后据此举行总统选举。

然而，民众提出的上述要求并没有得到满足。现政权的主要代表人物仍在统治国家，并主导下一届总统选举。9月15日，阿临时总统本·萨利赫宣布将于2019年12月12日举行总统选举，并组建以前司法部长舒尔菲为主席的独立选举监督委员会负责大选的组织工作。11月2日，该委员会公布通过审核的5名候选人名单，他们是：阿曾任总理阿卜杜勒－马吉德·特本、另一名曾任总理阿里·本·弗利斯、前文化部长伊兹丁·米胡韦比、建设运动党主席阿卜杜勒－卡迪尔·本·格里纳和未来阵线党领导人阿卜杜勒－阿齐兹·贝莱德。这5名候选人都曾是布特弗利卡执政期间的党政官员，民众表示将抵制这样的选举。

当然，现政权与抗议民众间的矛盾依然难以调和，阿尔及利亚政局走向充满不确定性，本轮政治动荡呈现出长期化、复杂化趋势。

（二）阿尔及利亚社会经济发展环境和特点

阿尔及利亚国土面积、人口数量和经济规模都较大。它曾经作为法国的一个海外省长达百余年，致使其殖民地经济痕迹突出。其独立至今的数十年间，社会经济经历了从计划到市场，从单一到多元，从工业优先到全面发展，从有限开放到全方位对外合作的发展和转变。

1. 阿尔及利亚经济发展总体环境

阿尔及利亚经济规模在非洲位居前列，经济发展不均衡，结构比较单一。石油与天然气产业是阿尔及利亚国民经济支柱，其他产业尚处于发展初期。粮食与日用品主要依赖进口。公共工程、水利工程和住房领域主要依靠政府进行投资。

阿尔及利亚自1989年开始市场经济改革，1995年通过私有化法案，加快经济结构调整。2005年以来，国际油价走高，阿尔及利亚油气收入大增，经济稳步增长。阿尔及利亚政府对内实施财政扩张政策，全面开展经济重建，在"五年经济社会振兴规划"（2005—2009年）和南部、高原省份发展计划框架下，斥资近2000亿美元用于国企改造和基础设施建设，推动国有企业和金融体系改革，加大对中小企业的扶持；对外扩大开放，出台《新碳化氢法》，鼓励外国企业参与阿尔及利亚油气开发，密切与欧、美等世界大国的经贸合作，加紧开展"入世"谈判。

2009年爆发的国际金融危机未对阿尔及利亚金融体系造成较大冲击，但危机对阿主要贸易伙伴——欧盟国家影响较大，致使阿尔及利亚石油收入锐减。金融危机后，阿尔及利亚加强对金融机构的监督和引导，加大对油气领域的投资，加快实施能源多元化战略，积极开发核能、太阳能等新能源。2010年和2014年，阿尔及利亚分别启动了旨在振兴经济、加快发展、改善民生的国家投资计划。自2014年起，国际油价下跌，阿尔及利亚政府优先支持国家发展急需的重要项目和已启动的项目，其他项目被迫搁置或取消。目前，阿尔及利亚政府已启动"2015—2019"五年计划。公路、铁路、通信、电力等领域都得到一定发展，但较规划目标还有一定距离。此外，阿尔及利亚农业、工业、旅游业等发展程度较低，私人部门发展也相对落后，但具有很大的发展潜力。油价下跌对阿尔及利亚经济发展造成了一定冲击，也为其经济模式转型提供了契机和动力，可能带来新的经济增长机遇。

2018年，阿尔及利亚GDP增长率只有2.5%，通货膨胀率达6.5%，失业率高达11%以上。外汇储备从2017年12月的977.3亿美元降到了2018年11月的821.2亿美元，此后至2019年10月仍处于逐渐减少的趋势。

(1) 工业

阿尔及利亚自独立后不久就制定了"建立国有企业、优先发展工业"的工业化发展战略。阿尔及利亚工业以油气产业为主，钢铁、冶金、机械、电力等其他工业部门不发达。油气产业占国内生产总值的45.1%，制造业仅占5.2%。此外，阿尔及利亚的传统工业历史悠久，包括食品工业、水泥工业、皮革工业、造纸工业和各种传统手工业。这些传统工业在当前的国内生产总值中占比很小，但是它们作为阿尔及利亚的历史传承，将长期保持存在。目前阿尔及利亚工业系统共有员工约43万人，其中，国营工业企业职工33万人，私营企业员工约10万人。

(2) 农牧业

阿尔及利亚现有农村人口1300万。农业产值约占国内生产总值的12%。主要农产品有粮食（小麦、大麦、燕麦和豆类）、蔬菜、葡萄、柑橘和椰枣等。耕地面积约800万公顷，占国土面积的3%，其中粮田306

万公顷，果林57.7万公顷，葡萄园8.2万公顷，蔬菜种植面积16万公顷。阿尔及利亚农业技术落后，靠天吃饭，产量起伏较大。阿尔及利亚是世界粮食、奶、油、糖十大进口国之一，每年进口粮食约500万吨。近年来，阿尔及利亚政府对农业加大重视和扶持，农业取得较快发展。阿尔及利亚森林覆盖率为11%，总面积367万公顷。其中软木林46万公顷，年产木材20万立方米。阿尔及利亚森林总局数据显示，自2000年推出国家绿化计划至2019年，阿尔及利亚已植树造林50万公顷。

（3）交通运输业

阿尔及利亚的运输业包括海、陆、空运输线路和输送能源的管道运输。其中，陆地运输以公路为主，公路运载量占83%，铁路占17%。铁路集中在北部地区，总长4773千米，包括标准轨3683千米和窄轨1089千米，其中345千米为复线，386千米为电气化铁路。铁路全线有200余座车站，日客运能力约3.2万人次。全国公路总长约10.7万千米，是非洲密度最大的公路网。其中高速公路1566千米，国家级公路2.9万千米，省级公路2.4万千米，村镇级公路5.4万千米。全国共有45个港口，其中渔港31座，多功能港11座，休闲港1座，水利设施专用港2座。最大的港口是阿尔及尔港，有大小泊位37个。阿尔及利亚

30%的货物，70%的集装箱通过阿尔及尔港装载。全国共有53个机场，其中29个投入商业运行，包括阿尔及尔、奥兰、安纳巴、君士坦丁等13个国际机场，每年起降飞机10万架次。现有2家国营航空公司和6家私营航空公司，共有飞机60余架，其中大、中型飞机30余架。目前已开通20个国家的50多条国际航线。

阿尔及利亚国内有9条输气管道，总长4699千米，年输送能力820亿立方米；8条输油管道，总长3604千米，年输送能力6390万吨；3条凝析油管道，总长1330千米，年输送能力2100万吨；2条液化石油气管道，总长1331千米，年输送能力986万吨。另有3条通往欧洲的输气管。其中两条名为"穿越地中海输气管"的管线经突尼斯穿越地中海向意大利和斯洛文尼亚送气，分别于1983年和1987年投入运营，全长2509千米（在阿尔及利亚境内549千米），总输气能力为240亿立方米/年。另一条名为"马格里布—欧洲输气管"的管线，经摩洛哥穿越地中海通往葡萄牙和西班牙，1996年11月投入运营，全长1370千米（在阿尔及利亚境内530千米），输气能力为120亿立方米/年。此外还有一条输气管道"迈德戈兹"经地中海连接西班牙，2011年正式投入运营，全长757千米，年输气量80亿立方米。

(4) 旅游业

阿尔及利亚旅游资源丰富，既融合了东西方文化的特点，也具有非洲和地中海文化的特色。位于阿尔及利亚北部的海岸线长达1200千米，沿线分布着主要的城镇、肥沃的土地和美丽的沙滩。南部多为各种形态的沙漠和绿洲。阿尔及利亚是一个历史古国，历史文化是其发展旅游业的又一有利条件。全境有7处自然、文化景点被联合国教科文组织列为世界遗产。目前阿尔及利亚全国有旅游开发区174个。

(5) 对外贸易

阿尔及利亚自独立至1990年间，对外贸易受国家控制，由国营外贸公司垄断。1991年，政府宣布放开对外贸易，取消国家对大部分商品的外贸垄断权，国营企业、私营企业和外商皆可开设贸易公司，从事进出口贸易。主要出口产品为石油和天然气，主要进口产品为工农业设备、食品、生产原料、非食品消费品等。自2014年至2018年，中国持续成为阿尔及利亚第一大进口来源国。西方工业国是阿尔及利亚的主要出口对象国。政府鼓励非碳化氢产品出口，主张贸易多元化。

(6) 外国援助与投资

阿尔及利亚自独立至2019年，一直接受西方大国的经济援助。法国是其最大的援助国，国际货币基金组织、世界银行、巴黎—伦敦俱乐部成员国、英国、意大利、美国等也都曾向阿尔及利亚提供经济援助。中国对阿尔及利亚的援助主要体现在援建一些基础设施项目和派遣医疗队方面。

阿尔及利亚的经济自1980年以来逐步向市场经济体制过渡，政府陆续推出一系列鼓励外国投资的政策和法规。阿尔及利亚的外国投资主要集中在能源、基础设施和消费品生产等领域。主要投资国为法国、西班牙、美国、科威特等。由于阿尔及利亚对外国投资限制条件较多，根据世界银行公布的《全球营商环境报告》，阿尔及利亚营商环境在全世界的国家和地区中排名靠后。

2. 阿尔及利亚经济特点

（1）殖民地经济痕迹突出

阿尔及利亚独立前，法国殖民者控制着包括工业、农业、商业在内的主要经济命脉。全国1/3以上最肥沃的耕地为法国农场主所有，几乎全部工商业都被法国垄断。法国开发这块殖民地的主要目的为：使其向法国提供廉价的农业、矿业原料，并消纳法国的工业产品。法国殖民统治阿尔及利亚的百余年间，阿尔及利亚经济增长速度缓慢。1962年阿尔及利亚独立之初，其国内政局不稳，不能制定出切实、有效的发展战略，加之法国专家的大批撤离，使其经济陷入几乎瘫痪的状态。直至1965年布迈丁执政后，阿尔及利亚才明确提出经济发展战略，国民经济步入正轨。然而，殖民地经济的痕迹依然突出。

虽然法国与阿尔及利亚之间的关系受到历史因素和政治因素的影响，但法国始终是其非常重要的经贸伙伴。从对外贸易看，法国在阿尔及利亚进口和出口贸易中都位居前列，也曾多年占据榜首位置。当前，法国仍是阿尔及利亚第二大进口来源国和出口目的国。从外来经济援助看，法国一直是阿尔及利亚重要的经济援助国。自阿尔及利亚独立至20世纪90年代国家陷入内乱前，法国平均每年向阿尔及利亚提供上亿法郎的经济援助。在阿尔及利亚国内政治动荡的10年间，因其恐怖活动频繁，政治经济形势不稳，法国不再把其列为重点优先援助国家，对其援助一度减少，甚至停止。随着其国内实现政治和解，国家政治经济形势好转，法国逐步恢复了对其经济援助。从外国直接投资看，随着阿尔及利亚不断扩大对外开放，政府陆续推出鼓励外国投资的政策和法规。法国是阿尔及利亚最主要的投资国。21世纪内，法国的直接投资主要集中在碳氢、医药和金融行业。在阿尔及利亚外国公司中，法国企业的数量位居第一。此外，阿尔及利亚与法国也保持着密切的经济技术合作关系，其合作领域从食品加工、化工等传统工业领域到新能源等新兴经济领域不断拓宽。总之，阿尔及利亚自独立至今，一直与以法国为代表的欧美国家保持密切的经济联系和合作，其国内经济发展模式因此受到深刻影响，其殖民地经济的特征至今依然明显。

（2）资源丰富多样

阿尔及利亚国土辽阔，地形复杂，北部为地中海沿岸的滨海平原与丘陵，中部多高原，南部主要是沙漠区。沙漠面积约占国土总面积的85%。不同地区的气候也有较大差异，北部沿海地区属地中海气候，中部高原地区属大陆性气候，南部沙漠地区为热带沙漠气候。正是因其地形和气候的多样，其境内蕴藏的资源也是丰富多样。

第一，阿尔及利亚拥有丰富的碳氢能源。石油已探明可开采储量约17亿吨，占世界总储量的1%，居世界第15位。且油质为低硫轻质油，有较高的开采和利用价值。天然气已探明可开采储量为4.6万亿立方米，占世界总储量的2.37%，居世界第10位，是世界第二大天然气出口国。可开采页岩气资源预计达20万亿立方米，居世界第3位。值得一提的是，阿尔及利亚仍有大部领域尚未充分勘探。第二，阿尔及利亚矿产资源丰富，品类逾30种，主要有铁、铅、锌、铀、铜、金、磷酸盐等。其中，铁矿储量为30亿—50亿吨，主要分布在东部乌昂扎矿和布哈德拉矿，其中包括品位较高的赤铁矿。磷酸盐储量约20亿吨，位居世界前列。铅、锌矿储量约为1.5亿吨，铀矿5万吨，黄金73吨。第三，由于阿尔及利亚北临地中海，渔业资源丰富，可供捕鱼的海洋面积约9.5万平方千米，鱼类储量达50万吨。第四，阿尔及利亚森林资源丰富。阿尔及利亚森林面积辽阔，主要森林资源有阿尔法草、栓皮栎、杜松、姜果棕等。其中，阿尔法草产量居世界首位，栓皮栎林面积46万公顷，居世界第2位，栓皮年产量居世界第3位。此外，阿尔及利亚水利资源丰富，可开发水资源约172亿立方米，水坝64座，蓄水能力达710亿立方米。

(3) 碳氢经济居主体地位

石油与天然气产业是阿尔及利亚国民经济的支柱，多年来其产值一直占其GDP的30%，税收占国家财政收入的60%，出口占国家出口总额的97%以上，占每年财政预算的70%左右。近年来，阿尔及利亚能源收入仍处于不断上升趋势。阿尔及利亚拥有5家炼油厂、4家液化天然气厂、2家液化石油气分离厂、2家烯醇石化厂，总炼化能力合计约为每年2200万吨。阿尔及利亚国内能源消费占其能源总产量的30%，其余70%全部用于出口。其中天然气出口量位居世界第3位，仅次于俄罗斯和加拿大，原油出口量位居世界第12

位。此外，阿尔及利亚年出口液化天然气约2000万吨，是世界第四大液化天然气出口国，仅次于印度尼西亚、马来西亚和卡塔尔，主要出口西欧，特别是法国和西班牙。目前，欧洲30%的能源来自阿尔及利亚，欧洲对阿尔及利亚的能源依存度达到60%。

阿尔及利亚国家石油天然气公司（SONATRACH）成立于1963年，是阿尔及利亚第一大企业，世界第十二大石油公司，第四大天然气出口公司和第二大液化石油气出口公司，位居非洲500强的首位。该公司专门经营石油、天然气勘探开采，注册资本60亿美元。1971年阿尔及利亚碳化氢工业国有化后，该公司成为该国油气领域独家经营者，作业面积约110万平方千米，其石油产量占全国总产量的85%，天然气产量占总产量的90%以上。该公司下辖4家全资子公司：阿尔及利亚国家油气炼化公司（NAFTEC）、阿尔及利亚油气产品销售公司（NAFTAL）、阿尔及利亚油气产品海洋运输公司（SNTM-HYPROC）和阿尔及利亚石化产品生产销售公司（ENPI）。

3. 当前经济情况

2019年2月以来的政治动荡严重影响了阿尔及利亚的经济增长。据阿国家统计局数据，2019年第一、二季度国内生产总值（GDP）增长分别为1.5%和

0.3%，第二季度的投资增长仅为0.9%，都比去年同期有所减少。阿海关临时统计数据显示，2019年前七个月的出口额为216.4亿美元，比去年同期减少8.59%。其中，碳氢化合物占出口总量的比例比去年同期增加8.45%，意味着非碳氢化合物在出口中处于愈发边缘化的地位。前七个月的进口额为260.5亿美元，比去年同期减少2.52%。其中，食品进口减少10.52%，零售药物进口减少19.80%。前七个月的赤字高达44.1亿美元。

阿多个经济领域都陷入危机，以能源和基础设施建设领域最为显著，直接原因是上述领域的主要官员和商业巨头在反腐中被捕，至今仍被关押。在能源领域，阿国家石油公司除生产活动仍在进行外，其他活动完全处于停滞状态，其中包括与多家外国公司的合作，我国企业也在其中。一直以来，阿国家石油公司与外国公司的协议都是由总统做出决策，临时总统因不被信任而没有被赋予这方面的决策权。阿尔及利亚作为部分欧洲国家的主要天然气供应国，上述情况也引起了一些欧洲国家的担忧。在基础设施建设领域，境内基础设施建设项目陆续叫停，超过60%的当地建筑施工企业和建筑制造业领域的企业已停业。

国际能源市场的波动使包括阿尔及利亚在内的石油出口国更加脆弱，一方面，阿石油出口数量持续减少。2018年比2017年下降7.3%。2019年前9个月比2018年同期下降9%，主要因为产量下降了2%，且国内需求提高了8%。另一方面，国际油价持续低迷，2019年7月油价为66.1美元，2018年的平均价格为73美元。以上两方面使得阿尔及利亚能源出口收入持续减少。2019年1—9月的能源出口收入为246亿美元，低于去年同期的290亿美元。政府已向议会提交了一项《新能源法》草案，旨在通过为外国投资者提供税收优惠鼓励合作和促进勘探。

上述共同恶化了阿尔及利亚的营商环境。世界银行在2019年发布的《营商环境报告》中将阿尔及利亚排在190个经济体中的第157位，几乎在所有评分领域中都出现了退步，在跨境贸易领域，阿尔及利亚排在第172位；在获得贷款方面排名第181位；在保护中小投资者方面排名第179位；在税收负担方面排名第158位。

4. 未来经济形势前瞻

2019年底，阿尔及利亚的国内公共债务将上升至GDP的41.4%。国家不得不保持较高水平的投资，以实现经济增长和创造就业。然而，长期的经济危机使国家的投资能力大幅下降。一般性的政府支出将减少，其他支出也会更加谨慎和保守，特别是在进口方面。

预计2020年的经济形势将更差。

根据阿财政部长穆哈迈德·卢卡尔介绍的《2020年财政法》草案，2020年财政的总体思路是合理化公共支出和减少赤字，主要途径为合理管理可用资源，改善营商环境，吸引投资。国家将继续支持各种社会边远地区的政策，以保护其生产能力，同时保持经济增长水平和工作机会。事实上，实现上述内容面临重大挑战。

预计2020年经济增长为1.8%，通胀率将在4%以上。碳氢化合物出口收入将比2019年增长2%，原因在于碳氢化合物出口量将增长2%以上。进口方面，2020年的进口额将减少13.3%，预计商品进口将下降12%，服务进口将下降16%。国际收支逆差预计将在2020年达到85亿美元，比2019年减少81亿美元。外汇储备将收缩至516亿美元。公共支出将下降8.6%，运行支出将下降1.2%，设备支出将下降18.7%。2020年将提供33179个预算岗位，其中包括16117个新岗位。因石油税收将下降至2.2万亿第纳尔，2020年的整体预算收入将下降约7%。2020年预计赤字为1.53万亿第纳尔，国库总赤字为2.44万亿第纳尔。

阿内政部长萨拉赫丁·达赫穆于2019年10月底表示，鉴于该国面临的财政困难，2020年不启动新项目。《2020年财政法》草案中规定，将增加新的税种及现有税种的税率，以增加国家收入。如将增收机动车新税、生态税等。增值税从 19% 增至 20%，团结税从 1% 增至 2%，烟草制品税从 11 第纳尔增至 17 第纳尔，国际机票税从 500 第纳尔增至 1000 第纳尔，重型汽车的国内消费税从 30% 提高到 60%。税务部门还将追缴多个领域高达 5 万亿第纳尔的欠税。[①]

（三）阿尔及利亚社会文化特点与法律环境

阿尔及利亚是阿拉伯国家联盟、马格里布联盟和非洲联盟的成员国，其国内阿拉伯人和柏柏尔人共存，还有为数不少的来自世界多国的工作人员长期工作生活于此。因此，阿尔及利亚的社会文化体现出上述多重属性，其法律法规也覆盖各类人群，并服务于国家的经济社会发展。

1. 阿尔及利亚的社会文化特点

阿尔及利亚国土面积为 238 万平方千米，人口约 4300 万。阿拉伯人占人口多数，约占总人口的 80%。柏柏尔人约占总人口的 20%。在南部沙漠地区还居住着为数很少的南部非洲人种。官方语言为阿拉伯语，

[①] 数据来自中华人民共和国驻阿尔及利亚民主人民共和国大使馆经济商务参赞处网站，http://dz.mofcom.gov.cn/。

通用法语。伊斯兰教为国教。由于人种、语言的多样，加之复杂的历史、地理因素，阿尔及利亚的社会文化呈现多元交融并存的特征。

阿尔及利亚地形比较复杂，大部分领土为山地、高原、沙漠，此外还有盆地、平原、丘陵等。阿尔及利亚的地形呈南高北低，北部多山，峰峦起伏，地势险要。地中海沿岸的冲积平原土质肥沃，农业发达，人口稠密。南部沙漠地区是撒哈拉大沙漠的一部分，地势低而平坦，土地贫瘠，人烟稀少。阿尔及利亚境内人口主要集中在占国土面积不到4.7%的沿海地带，人口密度达每平方千米250人，70%的人口生活在城市及周边地区。人口密度最大的是首都阿尔及尔，每平方千米接近7000人。其次是卜利达和奥兰，每平方千米近500人。一些南部省份每平方千米的人口密度还不足1人。

首都阿尔及尔是阿尔及利亚的政治、经济、文化和贸易中心，是全国人口最多、最集中的城市。它位于北部沿海区域，是北部非洲的一座历史名城，也是地中海的交通要道。奥兰是阿尔及利亚第二大城市和海港，位于阿尔及尔以东，与西班牙隔地中海相望，有国际机场、公路和铁路与阿尔及尔、摩洛哥等地相连。位于东北部的君士坦丁是古罗马时代遗留下来的古老都市，交通便利，是山区通往沿海的公路、铁路枢纽。

阿尔及利亚人主要有阿拉伯人和柏柏尔人两大族群。阿拉伯人主要分布在沿海平原与阿特拉斯山脉以北区域，他们是由阿尔及利亚土著的柏柏尔人和曾经入侵至这片土地的阿拉伯人长期融合形成的。他们沿袭了阿拉伯人的宗教信仰、语言文化和风俗习惯。阿尔及利亚的柏柏尔人是未被阿拉伯人同化，仍保持传统柏柏尔属性者。他们主要集中在东北部的卡比利亚地区。这里是阿拉伯人入侵时未到达和施加影响的区域。阿尔及利亚独立后即被定义为阿拉伯伊斯兰国家，柏柏尔人的政治和文化权利受到压制。这一度激化了柏柏尔认同与阿尔及利亚民族国家认同之间的矛盾，并在2001年爆发了"柏柏尔之春"事件。在政府通过修改宪法承认了柏柏尔语的民族语言地位后，柏柏尔主义运动得到控制。阿尔及利亚政府不断调整民族政策，积极回应示威者的要求而使国家保持了相对稳定。此外，阿尔及利亚海外侨民约有400万人，其中200万人在法国。

阿尔及利亚在独立前后成立了一些社会团体，在其政治生活和经济社会发展中发挥着重要作用。主要社会团体有：阿尔及利亚工人总联合会、全国农民联合会、全国青年联盟、全国老战士协会等。

2. 阿尔及利亚的法律环境

阿尔及利亚法律体系健全。国家自独立起即着手制定各项法律，包括公法和私法两大类。主要公法有：《环境保护法》《财政预算法》《行政区域组织法》《地方机构法》《税法》《选举法》《政党法》《文物保护法》《外国投资法》等。主要私法有：《阿尔及利亚民法》《阿尔及利亚民事诉讼法》《阿尔及利亚户籍法》《阿尔及利亚国籍法》《刑事诉讼法》《刑法》《商业法》《家庭法》《租赁法》《劳动法》《消费法》等。此外，值得一提的是，一些领域的政策调整变化也较多，如海关、进出口、财税、投资等。当前，阿尔及利亚对与别国开展经济合作方面的法规和政策主要有如下八方面。

（1）对外贸易的法规

阿尔及利亚贸易部主管内外贸易，包括国内市场流通、双边多边经济合作、贸易促进、经济检查和反走私（政策）等。阿尔及利亚商贸领域相关法律法规主要包括：《海关法》《投资法》《商业法》《商标法》《市场法》《植物检疫和卫生控制条例》《劳动法》《税法》《公共合同法》《货币和信贷法》《银行保险法》《反走私法》等。《商业法》规定了商业运作的主体、营业执照的颁发、经营资质的鉴定以及商业机构的经营方式等，以保障正常的商业经营秩序。阿尔及利亚财政部每年公布的财政法令及其补充法令对贸易、税收、投资领域的有关规定进行补充或变更。

根据阿尔及利亚《商标法》规定，所有商品本身及其包装、标签、包装纸因某一厂家标志或商品标志、名字、符号、图形或某一说明，使人误认为商品是阿尔利亚本国产品，而又没有用清晰和无法抹去的字母注明"原生产地"时，该商品禁止进口。葡萄酒，蔬菜罐头，鱼罐头，制干的李子、坚果仁和胡桃，蜂蜜，人造黄油，奶制品等商品都须注明原产地。对使用干草和秸秆包装的规定：禁止使用任何一种会将病菌带进国境的包装材料。由于货物在阿尔及利亚被露天存放，因此须注意采用防水包装。

绝大部分产品可自由进口，限制进口的产品仅涉及违反公共秩序、不利于公共卫生和环境保护的产品以及部分禁止进口的商品。例如，阿尔及利亚禁止进口猪肉产品，对其他肉类产品的进口要求通过特别测试并进行标识；禁止进口二手设备，包括工程机械、原材料和零配件；禁止进口非汽车零部件制造商供应的零部件；禁止进口未获产地国批准认证的农药；禁止从以色列进口商品。进口货物在清关时须有标准合格证，该证书由出口国的相关权力部门出具。此外还须出具进口原产地证书，所有农产品加工的产品还须有检疫证书。

另外，阿尔及利亚政府强制规定进口产品，特别是消费品必须用阿拉伯语标识。阿尔及利亚政府除了限制出口棕榈秧苗、绵羊和历史文物之外，取消了其他的出口限制。为鼓励非石油产品的出口，阿尔及利亚政府建立了出口保险和担保公司，并设立促进出口特别基金。自2014年起，为减少进口外汇支出，促进贸易平衡和本国工业发展，阿尔及利亚逐步对多类商品实行进口许可证管理制度，主要涉及汽车、水泥、钢筋、木材、瓷砖等工业产品和多种水果、肉类产品。自2018年1月1日起，进口商在银行办理货物付款手续时，须提供产品在原产地和（或）出口国家自由销售证明。该规定针对除部分农产品、化妆品等以外的所有尚未暂停进口的最终产品。

关于支付，只要持有外汇，任何法人和自然人进行商业注册后，可以进口不被禁止进口的商品。在指定银行持有外币账户的进口商可以使用这些外币账户支付进口费用。黄金、其他贵金属和珍贵宝石的进口支付必须使用外币账户。阿尔及利亚目前要求进口必须采用信用证（L/C）或付款交单（documents against payment，D/P）两种付款方式，且进口商须向开户行提交120%发票金额准备金。阿尔及利亚为了适应入世的要求，制定了有关反倾销、反补贴和保障措施的规定。对于某一产品进口数量危及国内产业的情况可以采取关税和数量的限制措施，对于构成倾销、补贴的进口行为可采取关税措施。

海关管理主要依据《海关法》。从2009年3月起，不允许进口商再通过代理商办理进口手续，需由进口商亲自或授权其配偶或直系亲属到进口地的相关贸易管理部门办理。

(2) 外国投资的法规

国家投资管理委员会是阿尔及利亚的投资主管部门，由财政部长、工业和投资促进部长、内政与地方行政部长、贸易部长、能源矿业部长、工业部长、中小企业和手工业部长、国土整治与环境部长组成。所有外商投资项目都须提前经委员会审批。委员会每季度召开一次全体会议，如有需要，任何成员均可申请召开会议。

工业和投资促进部负责制定国家投资政策，初步审批重大投资项目。国家投资发展局为行政公共机构，主要职责为：保证国内外投资的实施、发展与监督，给予常驻和非常驻投资者投资信息指导和支持，通过"一站式"服务简化创建公司的手续，保障投资优惠有效落实，管理投资扶助基金和投资范围内的不动产，负责收集整理各类投资信息，与阿尔及利亚和国外的公共私人机构建立合作关系，发现投资障碍并建议政府将其清除以创建良好的投资环境。

阿尔及利亚于2001年8月20日颁布了《投资法》NO.01—03号,并于2006年7月15日颁布了NO.06—08号法令对《投资法》进行更新,加大了对外国投资的开放力度。2016年8月,为实现经济多元化发展,进一步吸引投资,阿尔及利亚出台了新《投资促进法》。新《投资促进法》重新制定了各项投资优惠政策,简化了办事手续,将促进投资的各项措施进行整合,旨在最大限度地为投资者提供便利和支持。

关于投资方式,包括新建企业、扩大生产能力、企业重组,也包括以实物股或现金股形式参股经营,或在阿尔及利亚公有企业部分或全部私有化过程中进行并购,特许经营权或执照的授予(申请专利、注册商标等)也算是一种形式的投资。关于股份比例,2009年阿尔及利亚政府出台新法令,规定与外国的合资公司中,阿尔及利亚方须至少拥有公司51%的股权。2010年4月,阿尔及利亚财政部重申外国股东转让股份时,阿尔及利亚国家享有优先购买权。2016年8月,阿尔及利亚新《投资促进法》中规定,如外国公司将持有股权进行转让,且转让的股比超过10%,须经国家参股委员会(CPE)同意。如果未遵守规定或委员会提出反对,国家将享有部分或全部转让股份的优先购买权。关于并购程序,以招投标方式并购当地企业的程序是：对拟收购的企业评估资产后进行招标。500人以下的公司，双方在参股管理公司指导下商谈；500人以上公司的并购商谈由工业和投资促进部监管。双方达成协议后报国家参股委员会审批，由委员会全权决定。阿尔及利亚政府目前不接受 BOT 方式项目。

（3）税收体系和制度

阿尔及利亚基本实行属地税制，纳税人须自觉申报、计算和缴纳。目前，阿尔及利亚制定了《直接税和类似税法规》《营业税法规》《印花税法规》《间接税法规》，并在各省区设立省税务局对税收工作进行管理。阿尔及利亚税务总局隶属于财政部，负责管理国家税收，拟定全国税收法律、法令和征收管理制度，组织国家财政收入，运用税收杠杆对经济进行宏观调控。阿尔及利亚税务总局下辖税务法规司、税收征管司、税务纠纷司、信息组织司、资源管理司和审核研究司，此外阿尔及利亚税务总局在阿尔及尔、卜利达、奥兰、塞蒂夫、谢里夫、安纳巴、君士坦丁、乌尔格拉和贝沙尔9个省区设置了地方税务局，分管全国48个省区的税务工作。此外，阿尔及利亚政府还同时设置了独立于税务总局的税务监管局，对全国税收工作进行监督。

阿尔及利亚现行税制以所得税为主体税种，辅以其他税种构成。主要税种有总收入所得税、公司利润税、工商营业税、增值税、地产税、遗产税、内部消费税、石油税收、注册税、印花税等。征收方法采用源泉扣缴和查实征收两种方法。前者主要适用于对薪金及利息所得的征税，后者主要适用于对其他各项所得的征税。

（4）劳动法的核心内容

关于劳动合同，阿尔及利亚劳动法主要将劳动合同分为：根据合同期限，分为固定期限劳动合同与无固定期限的劳动合同；根据劳动合同的形式，可分为书面劳动合同与非书面劳动合同。需要指出的是，如用人单位与劳动者未签订书面劳动合同，则该劳动关系被认定为无固定期限（这一点不同于中国的事实劳动关系）。试用期不得超过6个月，专业资格要求较高的岗位可延长到12个月。

关于工作时间，法定每周工作时间为40小时；某些在工作时间可能存在无工作情况的岗位，每周工作时间可以增加；从事高体力、危险或容易在身体和心理方面产生特别压力的工作每周工作时间可缩减。每周加班时间不可超过法定工作时间的20%。

关于终止合同，在劳动合同中双方可以约定在何种情况下劳动关系终止，法律规定的终止情况有以下9种：劳动合同无效或劳动合同按照法律规定废除、有确定期限的劳动合同到期、辞职、解雇、符合法律规定的完全丧失劳动能力、因裁员而被解雇、用人单位企业依法终止业务活动、退休、死亡。

目前阿尔及利亚执行最低月工资标准18000第纳尔。加班费为正常工作时间工资的1.5倍。

(5) 外国人在阿尔及利亚工作的规定

阿尔及利亚法律规定，雇主在缺乏生产或项目需要的本地熟练工人时，可以雇用外籍工人，一般来说，外籍劳工至少应该为有10年以上工作经验的技术工人和有5年以上经验的工程师及适当比例的翻译人员。可就业的岗位有工程技术管理、翻译、技术工人等。雇用外籍工人时，需向地方劳动部门提交申请获得外籍劳务指标，办理签证还需经过劳动就业部和外交部批准，手续较为复杂。外籍工人入境后，需办理劳动证，劳动证有效期2年，可延期；另外，还应向当地警局申请办理居住证。

在阿尔及利亚，外国企业雇用外籍工人时所征工资收入税分以下两种情况：未在阿尔及利亚常驻的外国企业，在给其外籍员工发放工资时应扣除所得税，一般为20%；在阿尔及利亚正式注册或常驻的外国企业，一律按照当地工资收入所得税规定从其员工工资扣缴税收。社会保险方面，外籍员工一律享受当地的保险（有国际协议另外规定的除外），企业必须按规定为外籍员工办理各类保险。外籍员工的工资纳税后可以汇出，需向当地劳动部门提交申请，但目前较多的情况是承包工程合同下的外籍员工，工资发放、流动均按照合同规定执行。

（6）土地法的主要内容

投资用地规定，投资项目所需地皮，可租用或购买私人土地（房产），国有土地可通过特许经营和转让方式提供给投资者。租用私人土地（房产）只需通过公证人公证租房契约即可，但这一部分资源较少；政府为了进一步鼓励投资，于2006年出台了关于可提供给私人的国有土地的特许经营和转让办法，有关规定简介如下。

①基本原则：根据投资项目的需要，在遵守国家城市化的有关规定的条件下，可通过拍卖或者议标方式将国有可私人化土地出租（土地特许经营）或转让给企业、公共机构、自然人或法人。但排除以下情况：农业用地、国家旅游规划中所列有关旅游开发区、油气矿产勘探开发地区、规划中的房地产开发区。

②对于工业、旅游业、服务业投资项目所需土地，投资者可获得其特许经营权，期限最少20年，可续约，并在一定条件下（参见以下第6点）可将土地转让给投资者；在房地产开发项目框架下已规划好的有关项目地块可依据有关法规直接转让给投资者使用。

③土地的特许经营权授予通过拍卖或议标方式进行，其中位于阿尔及尔、安纳巴、奥兰、君士坦丁省的所有市镇、北部省份的所有省政府、区政府的所在市镇、高原地区的省府所在市镇的土地通过拍卖转让经营权，位于其他地区的有关土地可通过议标方式转让经营权。

④土地的特许经营或转让需通过所在省省长根据职能部门的建议审批或国家投资委员会有关授予投资项目优惠政策的决议批准，并通过行政契约确立，带有一份细则，规定投资项目的计划及土地经营权出让或土地转让的条件。土地特许经营权授予或转让是有偿的，应支付租金或转让费（拍卖价或市价）。通过议标方式进行出租的土地年租金大致为市价（或可拍卖底价）的5%。

⑤土地特许经营权受让人可在标地上建设有关建筑，且可利用房产抵押进行贷款。

⑥特许经营权的受让人，在投资项目建成并投产（根据行政契约细则的规定）后，可申请获得土地所有权（即土地的转让）。若特许经营权受让人在契约规定的期限内完成项目，并在完成项目两年内提出申请获得土地所有权的，可享受签订特许经营转让契约时确定的土地市价（拍卖价）获得土地并可扣除已付租金；若在完成项目两年后提出申请，则只能按照批

准该申请时的市场价格获得土地，且不能抵扣租金。

⑦对于享受国家投资委员会审批的特殊优惠的投资项目，土地的租金、转让价格可另外作价。

⑧投资用地管理的职能机构为各个省设置的"产业布局、投资和地产调度促进协助委员会"该机构由省长统领，负责该省可供投资土地的规划、管理和转让审批，并为投资者取得土地经营权提供必要的协助。

综上所述，对于阿尔及利亚国有土地的投资用地，投资者可先租地建设项目，待项目完成投产后获得土地的所有权，但私人土地一般采取出租的形式，购买难度较大，且需要省政府批准。

（7）环保法律法规基本要点

①土壤保持：土地使用必须与其本身性质匹配，限制不可逆的开发；土地的农业、工业、城市化使用须符合有关环境规定。②森林保护：法规对开垦林区、森林防火防虫害、林区放牧、林区及附近地区的工业和建筑设置、林区沙石等方面做出规定。③大气污染防治：所有建筑物、工商农设施及汽车等均应该依照环保和减少污染的原则进行建设、开发或生产；所有工业设施必须减少使用或不使用破坏臭氧层的生产物质；主要就空气中二氧化氮、二氧化硫、臭氧、浮尘的含量参考值、污染最大限量、预告限量、警戒限量四个等级进行量化规定，以便采取相应措施进行防治；

工业废气污染排放超出规定限值时应对相关生产活动征收附加税，附加税按照超标比例分为5级，在相应范围内征收一定的税费。④水体保护：对淡水、海水的保护和工业废水排放进行了详细规定；工业废水排放超出法规规定限值时应对相关生产活动征收附加税，附加税按照超标比例分为五级，在相应范围内征收一定的税费。阿尔及利亚现行法律未对污染事故处理及赔偿进行详细规定，只规定了有关违反环保法律法规和造成污染的刑法处罚条款，处罚主要根据不同情况处以1000至上百万第纳尔的罚款，以及几个月至几年的监禁。

（8）阿尔及利亚反对商业贿赂的法律规定

阿尔及利亚反对商业贿赂的法律规定主要体现在《反腐败法》。2003年12月，阿尔及利亚签署了《联合国反腐败公约》，2006年2月20日阿尔及利亚政府颁布了《反腐败法》。主要内容如下：①规定国家机关和国营部门在录用和使用人员时应以公正、透明、提醒的原则，制定适当的教育计划；规定财产申报制度；明确国家机关人员无论职别大小，个人和未成年子女名下的所有财产均要申报；规定财产申报的方式；明确公共机构行为准则；确立公共合同的操作程序；明确国家公共财产的管理办法，国家机关和公共部门的透明度，对执法部门的约束等。同时对私营部门的财务准则也做出了规定。②成立国家防范和反对腐败机构。设立专门负责防范和打击腐败的机构。该机构为独立的行政部门，保证其拥有自主权。③相关处罚规定公共机关行为腐败、公共合同中收取不正当好处，一般处以 2—10 年监禁及 100 万—200 万第纳尔的罚款；对在公共合同商议、签署以及附加合同的商签中行贿受贿的，处以 10—20 年监禁及 20 万—100 万第纳尔的罚款；窃取或不正当使用公共财产、贪污公有资产，处以 2—10 年监禁及 20 万—100 万第纳尔的罚款；非法避税，处以 5—10 年监禁及 50 万—100 万第纳尔的罚款；滥用职权，处以 2—10 年监禁及 20 万—100 万第纳尔的罚款；虚报财产、收受礼品处以 6 个月至 5 年监禁及 5 万—50 万第纳尔的罚款；对窝藏犯罪嫌疑人、妨碍司法办案、报复检举人、诬告等均有相关处罚措施。

在 2009—2010 年司法年启动之际，阿尔及利亚总统布特弗利卡在最高法院发表讲话，重申打击腐败的决心，称政府将以各种形式和行动打击贪污现象，并很快建立"国家特别反腐委员会"以加强现有立法执法机制。政府和司法部门决心将持之以恒地打击贪污腐败，不管任何人或任何职务，只要违法必将受到严惩。

二 中阿关系的发展和全面战略关系的形成

阿尔及利亚自独立以来就奉行独立、自主、不结盟的外交政策，致力于与世界绝大多数国家发展友好关系。至今共与170多个国家建立了外交关系，在60多个国家设立大使馆，外国常驻阿尔及利亚使馆80个。中国与阿尔及利亚具有深厚的传统友谊，两国在政治、经贸、社会文化等多方面也都具有开展合作的历史和现实基础，双方在多领域的友好合作关系稳步向前发展。

（一）阿尔及利亚对外关系的特点

阿尔及利亚独立至今共经历了5位总统，他们的外交政策既有传承性，又因国际和国内环境的变化而有各自的特点和侧重。首任总统本·贝拉主张阿尔及利亚走社会主义道路，同时强调其阿拉伯属性，并重视发展其与法国之间的互利合作。布迈丁总统深受阿尔及利亚传统文化和伊斯兰教思想影响，其外交政策带有明显的激进色彩。他传承了阿尔及利亚的阿拉伯属性和社会主义方向，强调加强第三世界的联合，反对殖民主义。沙德利总统的外交政策体现出"温和、务实"的风格，强调阿尔及利亚的阿拉伯、非洲和地中海属性，重视同法国、美国等西方大国改善关系。泽鲁阿勒总统执政期间正是阿尔及利亚政局从混乱走向平稳的过渡时期。政府的中心工作主要在内政方面，外交上处于"保持和恢复"状态。他重申了阿尔及利亚遵循不结盟政策和阿拉伯属性，在地区层面支持马格里布计划，积极、有效地参与地区和国际上重大的政治经济问题，以期巩固阿尔及利亚在国际上的外交地位。布特弗利卡总统的外交政策表现出更加积极、主动、灵活、开放。他采取了更加开放的经济政策，从而促进实现全方位的外交。通观阿尔及利亚独立至2019年的外交政策和经历，可以总结出其对外关系具有如下特点。

1. 阿尔及利亚外交政策的精神内涵是民族主义

这起源于其漫长而艰苦的民族独立斗争。阿尔及利亚的外交政策是其民族主义政治在外交领域的继续和延伸。阿尔及利亚获得独立是在20世纪五六十年代广大第三世界国家获得民族独立和解放浪潮中实现的,可以说,外交是其获得国家独立的一个重要支点。此后,阿尔及利亚的民族主义意识进一步发挥在推动其他第三世界国家的民族解放运动中。阿尔及利亚独立初期的外交也因此被称为"第三世界外交"。

阿尔及利亚独立之初,将其外交政策的目标确定为巩固国家独立和建设国民经济。根据对当时国际形势的判断,民族解放阵线认为,帝国主义体系正在分崩离析,独立的阿尔及利亚对外政策应该坚决地反对殖民主义和帝国主义,支持同为第三世界的国家获得民族独立和解放,支持马格里布、阿拉伯世界和非洲争取统一的运动。阿尔及利亚认为自身肩负着援助第三世界获得民族解放和反抗殖民主义的道义信念,特别是将援助非洲和亚洲的反殖运动视为自己应尽的义务。随着国际格局的发展,其所倡导和推动的第三世界外交也从民族国家的政治独立转向经济独立,从支持亚非拉国家的民族解放转向促进亚非拉第三世界的联合,阿尔及利亚在国际舞台上的形象也从革命的传播者转变为新的国际秩序的倡导者和推动者。

2. 阿尔及利亚奉行不结盟的外交政策

阿尔及利亚是在西方国家的敌视或冷眼旁观中实

现的民族独立，这一特殊的经历让其政治精英们意识到，现存的国际体系仅是世界列强的竞技场，不冲破殖民体系和帝国主义的控制，阿尔及利亚就难以获得真正的独立。因此，其在独立初期秉持明确的反帝反殖立场，使之与西方关系一度恶化。然而，阿尔及利亚反对西方，也并没有与共产主义阵营联合在一起，而是将自己视为发展中国家的一员，倡导不结盟政策。

不结盟运动是在两极对立的冷战背景下，获得独立的第三世界国家要求反对霸权主义、外来干涉和任何形式的军事集团，奉行独立、平等、和平的不结盟政策。该政策是阿尔及利亚从其艰苦的斗争经历和对独立后国际形势的判断中总结出来的经验，是阿尔及利亚长期遵循的政治路线在外交领域的反映。政治上，不结盟政策的政治内容就是对一切外部大国保持完全独立的意志，依据国家利益和国际行动的崇高理想来指导外交实践。阿尔及利亚在独立后与世界各大国的交往都遵循这一原则，它没有与政治和军事关系紧密的苏联结盟，也没有与经济联系密切的法国结盟，而是在独立自主的原则下坚定地追求自己的外交目标。军事上，阿尔及利亚虽然接受其他国家的专家和顾问在其国内工作，但从未允许其他国家在其境内建立任何类型的军事和工业基地，维持自身在军事和工业领域的独立。经济上，不结盟政策体现了阿尔及利亚对国际经济秩序的认知。它认为，如果发展中国家以某种方式依赖于发达国家，它就永远不可能获得真正的经济独立。这尤其体现在与美国和苏联的关系上，阿尔及利亚试图摆脱对任何一方的依赖，在东西方阵营之间保持独立。从国际合作看，不结盟运动成为冷战时期第三世界国家团结协作的重要平台。1973年9月，阿尔及利亚政府主办了第四次不结盟运动首脑会议。不结盟政策的实施，使阿尔及利亚能够同时与东西方保持友好的关系，还能扩大与第三世界国家的合作，在当时具有重要的意义。

3. 阿尔及利亚外交政策遵循不干涉内政原则

阿尔及利亚在独立后继续支持和推动世界其他地区的民族独立。然而，其所提供的仅是道义上的支持，而非向外输出革命。不干涉内政一直是阿尔及利亚在对外交往中恪守的原则。1968年2月，时任外交部部长布特弗利卡曾这样解释阿尔及利亚的外交思想：我们的政策是民族独立，不干涉他国内政，在互相尊重与共同利益基础上进行友好合作，并致力于援助反帝斗争。

阿尔及利亚将一国政权划分为"革命的"和"反动的"两种类型，并以此为依据将一个国家内部的政治运动也划分为"民族解放运动"和"分离运动"。

阿尔及利亚坚定支持民族解放运动，而将民族分离运动视为主权国家的内政而不加干涉。因此，阿尔及利亚作为非洲、阿拉伯世界以及马格里布地区的大国，从未发生过介入地区国家内部事务的情况。当面对地区国家局势动荡，或陷入乱局时，阿尔及利亚多次充当斡旋者，劝和促谈，并对战乱国家产生的难民提供帮助。

4. 阿尔及利亚外交政策带有实用主义色彩

阿尔及利亚在独立之初选择了社会主义道路，同时与西方国家保持经济合作，并支持和援助与之有着共同遭际的第三世界国家。该外交政策具有实用主义色彩，既维护了国家的独立自主，又促进了经济发展，并赢得了国际声誉。此后，阿尔及利亚外交政策一直保持温和与务实，先后加入阿拉伯国家联盟、非洲统一组织（非洲联盟前身）、马格里布联盟、地中海国家联盟等国际组织，与苏联（其解体后与俄罗斯）、美国、中国、法国等世界大国也都保持稳定的政治关系和经贸交往。实用主义的外交政策使阿尔及利亚极少受到国际局势变动的影响，成为其国家发展的助力。

（二）中阿关系的历史和现实基础

中国与阿尔及利亚自建立外交关系以来，在政治、经济、军事、文化、卫生等各领域的友好关系发展顺利。两国间既有长期、深厚的传统友谊，也有在多领域开展合作的现实基础。

1. 中阿关系具有深厚的历史基础

中国与阿尔及利亚拥有坚实而深厚的政治互信。1958年9月，阿尔及利亚为加快民族独立进程，成立了临时政府。三天之后，中国政府率先予以承认，是最早承认阿尔及利亚民族政权的非阿拉伯国家。同年12月20日，两国正式宣布建立外交关系。在阿尔及利亚民族解放斗争的最后阶段，中国政府提供了最大的道义和物质支持，为两国关系的发展奠定了坚实的基础。阿尔及利亚独立后，与中国的政治关系稳固可靠，经济关系不断发展。

（1）中阿在政治上相互支持

在周恩来总理的直接领导下，中国政府全力以赴支持阿尔及利亚反对殖民统治、争取民族独立的斗争，甚至不惜为此做出牺牲。从1954年至1962年，阿尔及利亚人民进行了长达8年之久的反抗法国殖民统治的武装斗争。法国为了维护其殖民利益，在严厉镇压阿尔及利亚人民反抗的同时，警告其他国家不要支持阿尔及利亚民族解放武装，否则将影响其与法国的外交关系。当时法国政要多次流露出要同中国建交的意向，条件是要中国停止支持阿尔及利亚民族解放运动。那时没有一个西方大国同中国有正式邦交，如能同法国实现建交将是中国对外关系的重大突破，对中国外交全局极为有利。在选择支持阿尔及利亚抗法民族解放斗争还是选择顾全中国重大外交利益的问题上，毛泽东、周恩来毅然决定宁可舍弃本国利益，也要支持阿尔及利亚人民的解放斗争。1958年4月，周恩来亲自出面接待阿尔及利亚民族解放运动代表团，详细了解其斗争情况，制订周密的援阿计划，前后向阿尔及利亚提供了可观的财政、武器装备和各种必需物资的支援。同年9月，阿尔及利亚共和国临时政府在开罗成立，毛泽东、周恩来致电祝贺且予以承认，并于1958年12月20日宣布两国正式建交。20世纪60年代初，周恩来再次拒绝了法方提出的中国放弃支持阿尔及利亚民族解放斗争而同中国建交的条件，在阿尔及利亚反法武装斗争最艰难之际，加大对其支持力度，为其赢得最后胜利、于1962年7月3日正式宣布独立做出了重要贡献。这些深深感动了阿尔及利亚政府和人民。当1963年底周恩来率团访问阿尔及利亚时，阿尔及利亚首都阿尔及尔市全城空巷，30万群众夹道热烈欢迎，表达对周恩来的崇敬和感谢。阿尔及利亚总统本·贝拉动情地握着周恩来的手说："你是阿尔及利亚最好的朋友。"

1960年,阿尔及利亚临时政府代表团访华,毛泽东主席会见了阿临时政府总理阿巴斯,重申了中国坚决支持阿尔及利亚民族解放战争的立场。毛主席在会谈中说:"我们对你们的正义斗争很钦佩,中国人民都很钦佩。由于你们战争的人民性和正义性,你们得到全世界人民的援助,你们的斗争绝不是孤立的。中国人民支持你们。"[1] 毛主席在谈到与法国关系时表示,中国不会放弃对阿尔及利亚民族解放斗争的援助。如果有一天法国要求同我们建立外交关系,我们有两个条件:一个是法国要同蒋介石断绝外交关系,另一个是法国不能干涉我们对阿尔及利亚的援助。中国政府的立场表明:中国对阿尔及利亚民族解放战争的支持是无条件的,是坚决的。

1962年,阿尔及利亚获得独立。1963年,中国向阿尔及利亚派出首支医疗队,这是中国向非洲派遣医疗队的发端。1963年12月,中国总理周恩来出访阿尔及利亚,在与阿尔及利亚总统会谈中表达了中国政府重视发展两国关系。1971年,第26届联合国大会上以表决的方式通过了恢复中国在联合国及其一切机构的合法席位的提案。阿尔及利亚正是最早提出此提案的国家之一,为恢复中国在联合国的合法席位做出重要贡献。1974年,毛泽东主席会见来访的布迈丁总统,

---

[1] 赵慧杰编著:《阿尔及利亚》,社会科学文献出版社2006年版。

他指出，中国与阿尔及利亚同属第三世界，加强第三世界国家的团结与合作对国际政治具有重要的影响作用。这与阿尔及利亚当时的"第三世界外交"思想不谋而合。1996年，江泽民主席在会见来访的泽鲁阿勒总统时说："尽管国际形势和两国各自情况都发生了很大变化，但我们两国一如既往地相互同情和支持，真诚相待，在政治、经济等多领域开展了富有成效的合作。阿尔及利亚政府和人民为中国恢复在联合国的合法席位所做出的努力，中国政府和人民始终铭记在心。"[①] 中阿两国在政治上始终相互支持，并向着战略的高度迈进。

（2）中阿在经济上大规模合作

中国与阿尔及利亚同为发展中国家，两国在各自争取民族解放斗争期间已建立起友好合作关系，在独立后迅速转向经贸合作领域。两国间的经贸合作堪称南南合作的典范，具有开始早、领域广、成果丰三个显著的特点。中国与阿尔及利亚的经贸合作开始于阿尔及利亚独立当年，是中国与非洲国家开展经贸合作最早的国家之一。两国间的经贸合作涉及能源、工业、基础设施等多领域，从以援助为主到以互利共赢为目标，稳步快速发展。

1963年10月，中国与阿尔及利亚签订《经济技

---

① 赵慧杰编著：《阿尔及利亚》，社会科学文献出版社2006年版。

术合作协定》。1964年9月，两国签订《贸易、支付协定》和《经济技术合作协定议定书》。同年12月，两国签订了《科学与技术合作协定》。1982年，两国签署了关于成立"中阿经济、贸易和技术合作混合委员会"的协议，此后于1985年、1986年、1987年和1996年在中阿两国分别举行混合委员会会议，探讨经贸合作事宜。1982年，中阿贸易额为1.7亿美元，1999年升至2.2亿美元，进入21世纪后以更大的幅度继续攀升。

工程承包一直是中阿合作的重点领域。自20世纪60年代中期至70年代末，中国在阿尔及利亚完成了5个援建项目，它们是：阿尔及利亚展览馆、盖勒玛日用陶瓷厂、斯基克达碾米厂、苏克阿赫拉斯砖厂和阿贝斯蚕种繁殖中心。这对阿尔及利亚当时的经济发展产生了巨大的推动作用。80年代以后，中国又以合作方式在阿尔及利亚完成喜来登酒店、布库尔丹水坝、比林核研究中心、政府住房工程等多个大型项目。两国间的工程承包合作带动劳务合作，使之规模迅速扩大，这得益于中国的改革开放政策。以中国建筑工程公司为代表的中国企业开始进入阿尔及利亚市场，他们本着"守约、保质、薄利、重义"的方针在阿尔及利亚进行住房建设等项目。90年代，阿尔及利亚经历了10年的政局动荡和内乱冲突，被称为"黑色十年"。

其间，不少外国公司纷纷从阿尔及利亚撤出，但以中国建筑工程公司为首的中国企业仍然坚守。进入21世纪后，阿尔及利亚开始了重整国内经济的计划。一方面，被破坏的基础设施需要进行重建再建；另一方面，阿居民住房短缺问题亟待解决。此时，中国企业抓住了这个机遇，在国家"走出去"战略的指引下，以阿尔及利亚住房建设项目为契机向阿大量输出劳务在阿中国劳务一度达到近10万人。

（3）中阿在多领域的合作广泛开展

两国已在科技、教育、文化、卫生、体育、新闻等领域签署了20余个交流与合作协定。其中，两国在医疗卫生领域的合作值得专门提及。1962年7月，阿尔及利亚人民经过长期抗争终于摆脱了法国的殖民统治，赢得了民族解放和独立战争的胜利。但是，由于法国撤走所有的合作项目，阿尔及利亚陷入了缺医少药的困境。人口平均寿命不足48岁，全国只有不到500名医生（其中仅一半是阿尔及利亚人），却要满足超过1050万人口的医疗需求。肺结核、霍乱、伤寒等疾病蔓延，侵蚀着无数人的性命，每1000名新生婴儿中就有超过180人死亡。当年年底，阿尔及利亚政府通过国际红十字会向全世界发出紧急救援的呼吁。1963年初，刚刚走出自然灾害阴影的中国政府第一个响应阿尔及利亚政府的呼吁，迅速组建了一支以湖北省为主的 24 人援外医疗队赴阿尔及利亚帮助其人民解决看病就医问题。此举在非洲国家广为传颂，尤其在北非地区，很多国家先后发出请求，希望中国向其派出医疗队。随着中国医疗队来到非洲，开创了中国援外医疗的先河，从此拉开了中国同世界 60 多个国家和地区开展卫生合作与援助的帷幕。中国向非洲国家派遣医疗队，是中非开展时间最长，涉及国家最多，成效最为显著的合作项目，被誉为最伟大、最无私的国际主义援助之一。20 世纪内，中国共向阿尔及利亚派出了 20 支医疗队，70 余批次，共 2000 多名医生，缓解了阿尔及利亚就医难的问题。中国医生忘我工作、救死扶伤、发扬人道主义精神得到了阿尔及利亚民众的赞誉，留下了许多佳话。

1999 年，江泽民主席在访问阿尔及利亚期间与布特弗利卡总统会谈时指出，为构筑面向新世纪的中阿关系，双方应在以下几方面继续努力：第一，站在战略高度，从两国人民的长远利益出发，坚定不移地推动两国关系的全面发展，不断扩大共同利益。第二，充分利用两国经贸合作发展的巨大潜力和良好前景，发扬开拓创新精神，把两国的经贸和科技交流与合作提高到一个新的水平，实现共同发展。第三，加强在地区与国际问题上的磋商与协调，为捍卫广大发展中国家的权益及维护世界和平与稳定做出新贡献。第四，加强两国各层次人员的相互交流与了解，为中阿关系在21世纪的发展培育坚实的基础。

2. 中阿关系具有良好的现实基础

中国与阿尔及利亚的友好关系建立在政治互信基础之上，高层往来频繁。两国间经济优势互补，且在多方面都有合作发展的意愿。阿尔及利亚经过20世纪最后10年的动荡之后，随着国际石油价格上涨，国内一切百废待兴，政府对基础设施建设有着迫切需求。中国企业在基础设施建设领域具有先进的技术和良好的声誉，受邀与阿方洽谈合作。阿尔及利亚政府珍视与中方的合作，并提供一些优待政策。这些都构成两国关系发展的现实基础。

（1）中阿高层往来频繁

2000年10月，布特弗利卡总统对中国进行国事访问，受到江泽民主席的接见。二人共同签署《中华人民共和国和阿尔及利亚民主人民共和国联合公报》和《经济技术合作协定》。2001年，中国全国人大常委会委员长李鹏访问阿尔及利亚，与布特弗利卡总统和萨拉赫议长分别举行会谈。2002年，朱镕基总理访问阿尔及利亚。期间，两国政府代表签署了《经济技术合作协定》《文化协定执行计划》《盖尔玛陶瓷厂改建项目交接证书》和《关于派遣医疗队赴阿尔及利亚工作的议定书》。2004年，胡锦涛主席访问阿尔及利亚，在与布特弗利卡总统会谈中提出4点建议：第一，两国领导人保持经常互访和沟通，从战略合作高度指导双边关系的发展；第二，进一步加强经贸合作，在巩固传统合作领域的同时，拓展在油气开发、基础设施建设、通信、农业和人力资源开发等方面的合作；第三，加强在医药卫生、文化、科技和教育等领域的合作，鼓励两国立法机构、政党、民间团体和青年的交流合作；第四，进一步加强双方就重大国际和地区问题的磋商和协调，共同促进国际关系民主化和南南合作。自此，中阿政治关系提升至战略合作的高度。

(2) 中阿经济交往不断扩大

进入21世纪以来，中阿经济交往规模不断扩大。从贸易额看，2000年为1.99亿美元，2001年增至2.92亿美元，2002年进一步增加到4.34亿美元，2003年再创新高，达7.45亿美元，2004年又猛增至14亿美元。四年间，两国贸易额增长十数倍。中国向阿尔及利亚出口的产品也从传统的轻工、纺织、粮油食品、工艺品等扩展到汽车、工程机械、家用电器、电信等科技含量更高的产品。中国从阿尔及利亚进口的产品主要是原油、液化石油气、废金属等。从承包工程合作看，2000—2004年，阿尔及利亚政府推出经济振兴计划，大搞基础设施建设。大量中国企业进入阿市场承接工程项目，两国在承包工程领域的合同额不断攀升。2001年，两国签订劳务承包合同额为5.13亿美元，2002年升至20亿美元，此后，该数值继续攀升。

（3）中阿交往领域不断拓宽

中国与阿尔及利亚合作交往的领域不断拓宽。中国政府继续在阿尔及利亚援建了多个新建和改、扩建项目；派专家考察了伊塞尔河水坝、黏土和有色金属勘探、小型水利工程的合作项目；还进行了种桑养蚕、大豆试种、大豆种植技术推广、淡水养鱼、药检等技术合作。2003年阿尔及利亚发生"5.21"大地震后，中国向阿尔及利亚派出了中国第一支对外国际救援队，并迅即为阿尔及利亚提供大量人道主义物资。此后，中国政府还为阿尔及利亚援建了宽频带数字地震台网，已预测出多起在世界各地及阿尔及利亚发生的地震。

中国与阿尔及利亚的友好合作关系自独立以来稳步向前发展，且不断深入和拓展，为两国建立战略伙伴关系打下坚实的历史和现实基础。

（三）中阿全面战略合作关系的确立和特点

进入21世纪后，中国与阿尔及利亚的经济合作发展更加快速，并逐渐具有了战略合作的性质。双方间的贸易额和签署的劳务合同额都以更大的幅度攀升。两国在教育、科学、文化、卫生以及高新技术领域的合作也不断获得突破。

1. 中阿全面战略合作关系的确立

2004年2月，胡锦涛主席访问阿尔及利亚期间，两国发表《新闻公报》，宣布建立战略合作关系。这是中阿两国全面战略合作关系的起点。2005年，胡锦涛主席在雅加达会见布特弗利卡总统时表示，自2004年建立战略合作关系以来，两国在政治、经贸、能源开发和基础设施建设等领域的友好合作都有了更大的发展。中国政府高度重视并不断推进同阿尔及利亚的战略合作关系，愿同阿方探讨扩大两国经贸合作的新途径、新方式和新领域，支持阿政府实现经济社会发展目标。

2006年11月4—5日，布特弗利卡总统率团出席中非合作论坛北京峰会。6—8日，布特弗利卡总统对中国进行国事访问，与胡锦涛主席举行正式会谈，并分别会见了吴邦国委员长、温家宝总理、黄菊副总理。双方就如何深化两国战略合作关系及其他共同关心的问题深入交换了意见。两国元首共同签署了《中阿关于发展两国战略合作关系的声明》，双方有关部门签署了有关司法、经济、税务、航空、质量检验、油气等方面合作的 9 个协议文本。布特弗利卡总统还出席了中阿经济合作论坛开幕式,并在北京大学发表演讲。北京大学授予布特弗利卡总统名誉教授称号。此次访问期间,中国政府宣布批准阿尔及利亚为中国公民组团出国旅游目的地,阿尔及利亚政府宣布承认中国完全市场经济地位。两国间的战略合作关系进一步深化,各领域的交流与合作都取得重要进展。

首先,两国政府部门间的交流与合作十分密切。2006 年 1 月,中国政府特使、外交部副部长吕国增在喀土穆出席第六届非盟首脑会议期间会见了阿尔及利亚国务部部长兼外长穆罕默德·贝贾维。3 月,贝贾维外长访华,温家宝总理、唐家璇国务委员和中联部部长王家瑞分别会见了他,李肇星外长与他举行会谈。同月,阿尔及利亚审计法院院长阿卜杜勒-卡德尔·本·马鲁夫访华。5 月,贝贾维外长来华出席中阿合作论坛第二届部长级会议期间,两国外长再次会晤。同月,阿尔及利亚国土整治与环境部部长谢里夫·拉赫马尼率团出席在北京举行的"妇女与防治沙漠化国际会议"。7 月,中国民用航空总局副局长杨国庆访阿尔及利亚,与阿尔及利亚交通部负责人签署了关于两国航空运输合作的协定。9 月,外交部副部长杨洁篪在哈瓦那出席第十四次不结盟运动领导人峰会期间会见了贝贾维外长。10 月,阿尔及利亚司法兼掌玺部长塔耶卜·贝莱兹率团出席在北京召开的国际反贪联合会首次代表大会，并与贾春旺检察长签署了《中国最高人民检察院和阿尔及利亚司法部的合作谅解备忘录》。11月，中国人民对外友好协会会长陈昊苏访阿。

其次，两国经贸合作取得积极进展。5月，中信集团和中铁建公司联合体中标阿尔及利亚东西高速公路中、西标段项目。6月，阿尔及利亚能源矿业部长沙基卜·克利勒访华。9月，阿尔及利亚税务总局代表团访华。10月，中国核工业集团公司代表团访阿尔及利亚。12月，阿尔及利亚能源矿业部、原子能署代表团访华。上述访问都取得积极成果。

最后，两国在军事、卫生、文化、新闻等领域的合作与交流全面开展。1月，中国文化部副部长兼故宫博物院院长郑欣淼率中国政府文化代表团访阿尔及利亚，与阿尔及利亚文化部长卡丽达·图米女士签署了两国政府文化协定2006—2008年度执行计划。2月，中国卫生部副部长李熙访问阿尔及利亚。7月和10月，阿尔及利亚海军司令和空军司令先后访华。8月，阿尔及利亚人民军参谋长艾哈迈德·盖德·萨利赫少将访华，中央军委委员、总参谋长梁光烈上将与其举行会谈。10月，中国人民解放军总装备部政委迟万春上将访阿尔及利亚，会见了阿尔及利亚国防部部长级代表阿卜杜勒-马赖克·盖纳齐亚。

此后，中阿两国间的高层互访和政治往来不断，推动两国间的战略合作进一步提升至全面战略合作关系。2014年2月，两国发表《关于建立全面战略伙伴关系的联合公报》。5月，习近平主席和布特弗利卡总统共同签署《关于建立全面战略伙伴关系的联合宣言》。6月，阿尔及利亚外长拉马拉来华出席中阿合作论坛第六届部长级会议，其间，王毅外长与他共同签署《中阿全面战略合作五年规划》。至此，两国全面战略合作关系正式确立。这是中国同阿拉伯国家建立的第一个全面战略伙伴关系，双方间的对话与合作得到深化和加强。

2. 中阿全面战略合作关系的特点

(1) 合作领域广

政治往来不断。2007年，回良玉副总理访问阿尔及利亚。2008年3月和11月，中共中央政治局常委李长春、全国人大常委会委员长吴邦国分别访阿尔及利亚。同年8月，布特弗利卡总统来华访问并出席北京奥运会开幕式。2010年1月和7月，外交部部长杨洁篪、国务委员戴秉国先后访阿。同年4月，阿尔及利亚民族院议长本·萨拉赫作为总统代表出席上海世博会开幕式。5月，阿尔及利亚外长梅德西访华。2011年9月，全国政协副主席、中国经社理事会主席王刚访阿。2012年7月,阿尔及利亚外交部部长级代表梅萨赫勒来华出席中非合作论坛第五届部长级会议。11月,全国人大常委会副委员长、全国妇联主席陈至立访阿。12月,阿尔及利亚外交部部长级代表梅萨赫勒访华。2013年4月,阿尔及利亚民族院议长本·萨拉赫作为总统代表来华出席博鳌亚洲论坛2013年年会。12月,王毅外长访阿尔及利亚。2014年6月,阿尔及利亚外长拉马拉来华出席中阿合作论坛第六届部长级会议,王毅会见拉马拉并共同签署《中阿全面战略合作五年规划》。2014年11月,全国政协主席俞正声访阿尔及利亚。2015年2月,国务委员杨洁篪访阿尔及利亚。4月,商务部长高虎城访阿尔及利亚,与阿尔及利亚贸易部长本尤奈斯主持两国第七届经贸联委会。4月,阿尔及利亚总理萨拉勒访华。9月,阿尔及利亚民族院议长本·萨拉赫访华并出席世界反法西斯战争暨中国人民抗日战争胜利70周年活动。12月,阿尔及利亚总理萨拉勒出席中非合作论坛约翰内斯堡峰会。2016年5月,国务委员王勇访阿尔及利亚。12月,阿尔及利亚国民议会议长哈利法访华。2017年12月,全国政协副主席陈元访阿尔及利亚。2018年7月,阿尔及利亚外长梅萨赫勒来华出席中阿合作论坛第八届部长级会议并访华。9月,阿尔及利亚总理乌叶海亚来华出席中非合作论坛北京峰会。

经贸合作快速增长。2006年11月，阿尔及利亚承认中国市场经济地位，两国经贸往来更加密切。自2014年起，中国成为阿尔及利亚第一大进口来源国，双边贸易额在过去10年间增长了10倍。2014—2018年，两国贸易额都维持在70亿美元以上。截至2017年年末，中国对阿尔及利亚直接投资超28亿美元，主要集中在油气、矿业领域。主要投资公司有中石油、中石化、中地、河南少林水利等。主要项目有油气区块风险勘探项目和矿业勘探开发项目。钢铁生产、软木生产、饭店、纺织、贸易等方面也有少量私人投资。阿尔及利亚对华投资主要集中在纺织服装、文具制造和塑料制品领域，额度不大。承包工程合作一直是两国合作的重点领域。阿尔及利亚是中国在海外最大的承包工程市场之一。已经有数百家中国公司承接了阿尔及利亚国内的建筑工程项目，包括高速公路、酒店、医院、住房项目等。中国公司因工作效率高、工程质量高和人员素质高在阿尔及利亚享有盛誉。近年间，每年新签劳务合同和完成营业额度都在40亿美元以上。

产能合作正在兴起。2016年10月16日，两国政府签署了《关于加强产能合作的框架协议》。根据框架协议，双方将在机械工业、铁路、冶金、基建、石化、新能源等领域开展产能合作，并将成立特别工作组负责项目确定和推进等协议落实工作。2018年1月30—31日，两国政府产能合作第一次联合工作组会议在阿尔及尔召开。会议期间，双方组织召开了企业对接会，阿尔及利亚投资发展署介绍了投资政策，双方代表团就加强产能合作进行了会谈，签署了《关于落实产能合作框架协议联合工作组的内部规程》和《关于加强产能合作联合工作组第一次会议纪要》。

此外，中国与阿尔及利亚在教育、科技、文化、卫生等多方面都保持并不断扩大合作。

（2）合作程度深

两国自1958年建交以来，始终是患难与共的好兄弟、互利共赢的好伙伴、守望相助的好朋友。双边关系不断深化和提升是两国和两国人民的共同意愿和共同期待，符合两国的根本利益。

从两国间的关系看，不仅有上述多领域的互利合作，也有相互体恤和人文关怀。2008年5月汶川特大地震发生后，阿尔及利亚总统、总理、两院议长分别向中国领导人致慰问电，阿尔及利亚总理、两院议长赴中国驻阿尔及利亚使馆吊唁，阿尔及利亚政府向中国政府捐赠100万美元。2010年青海玉树地震发生后，布特弗利卡总统向胡锦涛主席致慰问电，阿尔及利亚驻华使馆代表阿尔及利亚政府向灾区捐赠15万美元。2014年，布特弗利卡总统先后就云南昆明"3.01"严重暴力恐怖事件及云南鲁甸地震向习近平主席致慰问电。2015年，布特弗利卡总统和拉马拉外长就"东方之星"客船翻沉事故分别向习近平主席和王毅外长致慰问信。2017年，布特弗利卡总统分别就四川茂县山体滑坡事件和中南部洪灾向习近平主席致慰问信。2018年4月，习近平主席、李克强总理、王毅国务委员兼外交部部长分别就阿尔及利亚军机坠毁事故向阿尔及利亚总统、总理和外长致慰问电。12月，习近平主席、李克强总理、王毅国务委员兼外交部部长分别同阿尔及利亚总统、总理和外长就两国建交60周年互致贺电。

从地区层面看，阿尔及利亚是非洲和阿拉伯世界的大国，在伊斯兰世界和不结盟运动中发挥重要作用。阿尔及利亚积极参与地区事务，尤其是对战乱国家的帮助和斡旋。中国与阿尔及利亚的合作也是中国与非洲、阿拉伯世界、伊斯兰世界和不结盟组织合作的重要组成部分、桥梁和突破口。从世界范围看，中国与阿尔及利亚的友好合作堪称南南合作的典范和榜样。因此，中国与阿尔及利亚合作的重要意义已超出双边合作的范畴，深远而重大。

（3）合作提升至新高度

近年间，中国与阿尔及利亚的友好合作在传统领域稳步发展的基础上，不断实现在新兴领域的突破和创新，两国合作提升至新的高度。

2017年12月，习近平主席与布特弗利卡总统互致贺电，祝贺阿尔及利亚一号通信卫星在中国西昌卫星发射中心成功发射。习近平主席在贺电中指出，阿尔及利亚一号通信卫星项目是中阿全面战略伙伴关系的重要体现，开创了中国同阿拉伯国家开展航天领域合作的成功先例，将为推动阿经济发展、民生改善和社会进步发挥重要作用。

长期在阿尔及利亚工作的中国企业也时刻不忘回馈当地社会，以实际行动造福当地百姓，如，义务修缮清真寺宣礼塔，建立电信培训中心，为体育比赛、医院、残疾儿童协会捐款捐物等，受到当地民众的赞扬和欢迎。两国也加大了在人才领域的合作：阿尔及利亚的一些大学开设了汉语课程，一些阿官员、工程技术人员等来华接受培训。上述合作进一步增加了双方间的相互了解和认知，拉近了民心之间的距离。

三 "一带一路"与中阿合作新机遇和新动力

2000多年前,中国的汉朝开辟了丝绸之路,这一商业网络将南亚、中亚和中东地区以及欧洲联系起来。古丝绸之路的开辟是人类历史的转折点,这一区域也见证了不同国家的过渡与变迁。所有的古代帝国都在丝绸之路上发挥了重要作用,包括促进东西方之间的交流和文明之间的融合以及民族的大迁徙。在互相取长补短过程中,这些文明共享商业利益,孕育了新的文化,创造了灿烂的文明。习近平主席在2013年9月和10月访问中亚和东南亚国家期间提出了建设丝绸之路经济带和21世纪海上丝绸之路的构想,也就是"一带一路"倡议。这一倡议旨在增进彼此福祉和国家安全,将对所有国家以及国际和地区组织开放。

丝绸之路经济带是计划打造一条从西安延伸到中亚后到达欧洲和非洲的陆路、铁路运输和石油天然气管道以及其他基础设施的互联互通网络。21世纪海上丝绸之路是意在打造一个从南亚和东南亚一直到东非和地中海北部的港口和其他海岸基础设施网络。"一带一路"倡议受到包括阿尔及利亚在内的世界很多国家的热烈欢迎。这一倡议将给全球经济带来新的增长动力，包括增加投资、提升基础设施、促进经济合作等，也将促成不同国家和民族之间的交流以及不同文明之间的相互借鉴，推动世界和平与发展。"一带一路"倡议将为中国与阿尔及利亚的友好合作提供新机遇和新动力。2018年9月，阿尔及利亚外长阿卜杜勒－卡德尔·梅萨赫勒与中国国家发展和改革委员会主任何立峰在中非合作论坛峰会期间签署了共建"一带一路"谅解备忘录，为两国共建"一带一路"合作提供了更广的空间和领域。

（一）中国与阿尔及利亚的发展战略及其对接分析

中国与阿尔及利亚的双边关系可以概括为友谊深厚、合作深入、成果丰富。中阿友谊是两国领导人辛勤培育的成果，也是两国人民共同奋斗的果实。双方在"一带一路"倡议下开展合作，首先应了解双方对当前和未来的发展战略，并将二者进行对接分析，才能使双方间的合作真正落实。

1. 阿尔及利亚的发展战略

阿尔及利亚自2001年开始实施经济复苏发展计划。2005—2009年的五年规划中提出投资2000亿美元进行基础设施建设,主要用于公路网络、铁路网络和现代化港口的改造和扩建。2010—2014年又投资2860亿美元加大了南部和高原省份的建设。阿尔及利亚政府目前正在实施第四个五年计划,即"2015—2019"五年计划。这个五年内,阿尔及利亚计划保证每年7%的经济增长率,将该国的人均GDP增加到7200美元。新的计划将在原有基础上继续加大投资,继续实施原有的发展方案,并整合来自所有利益相关者的建议,总结经验,以期实现最佳效果。

(1) 能源领域

碳氢工业是阿尔及利亚的支柱产业,未来仍将是阿尔及利亚经济发展的重点领域,目标是朝着更加多元和高产的方向迈进。在油气领域,阿尔及利亚国家石油公司(Sonatrach)已于2016年底宣布"2015—2021"六年投资计划,计划总投资超600亿美元,用于扩大石油和天然气的储量和加大开采能力。其中,在油气上游领域将投资420亿美元以增产至2.25亿吨油当量。政府计划新建6座炼油厂,并在新建炼油厂的周边发展相关的石化工业，形成产业集群。天然气方面的投资将超过220亿美元，用于五个新气田项目的建设投产，它们是：伊利兹省 Tinhert 气田（2400万立方米/天）、Hassi Bahamou 气田（2100万立方米/天），阿德拉尔省 Touat 气田（1200万立方米/天）、Reggane 气田（1200万立方米/天）和提米牟剩的气田项目（500万立方米/天）。

在页岩气领域，Sonatrach 将在未来20年内投资700亿美元用于页岩气开采，兴建200座矿井，日产量达到6000万立方米，年产量达到200亿立方米，创造5万个直接和间接就业岗位。Sonatrach 董事长萨赫农在2014年12月召开的北非石油和天然气峰会上称，阿尔及利亚计划于2022年开始进行页岩气商业开采，到2025—2027年将生产能力从起初的约200亿立方米增加到300亿立方米。萨赫农称："我们希望2019年开始开发非常规能源，力争在2022进入商业开采。"

（2）基础设施建设领域

阿尔及利亚在经历了20世纪90年代的10年动荡后，国家开始全面重建。基础设施建设领域受到高度重视。政府通过加大投资和吸引外资使国家在住房、交通、公建等基础设施领域实现快速发展。

在住房领域，在"2015—2019"五年计划实施前，每一个五年计划中的住房建设规划都没能完成既定数量，因此，国家需要加大在这方面的干预和投入。2015—2019年国家计划投资约560亿美元建造各类住房160万套。为了避免原有问题再次发生，按时保质保量实现这一目标，政府已采取一系列措施，如采用现代化建设技术，协调项目开发商和企业间的矛盾，鼓励当地企业特别是中小型企业参与项目分包等。然而，从目前情况看，这个计划仍不能全部完成。

在交通运输领域，2015—2019年，政府计划投入41400亿第纳尔（约合439.35亿美元）用于道路建设，5550亿第纳尔（约合59.5亿美元）用于港口建设，340亿第纳尔（约合3.65亿美元）用于机场建设。在公路建设方面，2015—2019年，政府计划耗资约530亿美元用于道路设施、公路等建设。其中，公共工程领域将建造1600千米高速公路（包括高原高速公路），到2025年阿尔及利亚高速公路总目标里程将达到5500千米。阿政府将加快城市交通现代化步伐，拟投入4470亿第纳尔（合47亿多美元）在主要大城市新建14条轻轨线路。政府制定了中长期港口设施发展规划，旨在于2020年前改善阿港口建设落后的状态，提升港口吞吐能力。

在电力领域，阿尔及利亚电力生产能力为8502兆瓦，其中6100兆瓦可并网发送，电网覆盖率达98%，输电线长263820千米。阿电力市场需求约为32.6万亿瓦时,用电需求年增长5.8%。2012年总装机功率12977.4兆瓦。阿尔及利亚电力市场供大于求,但由于其电力输送线路老化、偷漏电现象严重,因此部分地区用电紧张现象时有发生。政府计划铺设6000千米的高压线路和2.95万千米的中低压电缆。阿电气公司计划到2020年在电力领域投入300亿第纳尔,力争实现发电量年增长1200兆瓦的目标。至2030年,阿尔及利亚太阳能发电将占总发电量的3%,国内电力需求的40%来自可再生能源。根据阿尔及利亚能源发展规划,预计到2030年将建造60座电站(含燃气、光伏、风力),达到2.2万兆瓦发电能力,1万兆瓦待条件成熟时将用于出口。阿尔及利亚政府将制定相关投资鼓励政策,吸引国内外投资者积极投资新能源领域。

在其他基础设施领域,阿尔及利亚政府计划在2015—2019年兴建23座水坝,至2030年阿尔及利亚水坝总数预计达139座,水坝总容量也将从目前的71亿立方米增加到120亿立方米。阿尔及利亚邮政发展较为缓慢,由国家邮政公司总管,该公司有3160个分支机构,年均增加50个。到2020年,阿尔及利亚将新建1500所邮电局,使总数达到5000所,以缓解全国邮电服务短缺的状况。

(3) 航天领域

2006年11月28日,阿尔及利亚政府制定了长达

15年的国家空间计划（2006—2020年），建立空间基础设施和空间系统，扩大空间技术领域的专业人才队伍。按照该计划，阿尔及利亚将成功发射六颗卫星，最近发射的阿尔及利亚一号通信卫星（以下简称"阿星一号"）是其中的第一颗。阿尔及利亚的目标是通过大力提升空间技术，促进国家地球观测、气象学和通信领域的发展。为了实现国家空间计划制定的目标，阿尔及利亚宇航局与多个国家展开了双边和多边合作：与阿根廷、法国、乌克兰签署了双边合作协议；与中国、俄罗斯、英国、德国和印度等国航天局签署了合作备忘录；此外还与一些国家的政府协议处于最后签署阶段。在多边合作方面，2002年阿尔及利亚加入了"联合国和平利用外太空委员会"。借此，阿宇航局积极地定期参与联合国外层空间事务办公室开展的各项活动，还代表国家加入了一些联合国的附属机构，其中包括非洲区域空间科技中心理事会。阿尔及利亚计划发射一批最先进的卫星作为2020—2040年空间计划的一部分，它将启动于2006—2020年国家空间计划实现后，届时，六颗卫星中已有五颗成功发射（包括最近发射的阿星一号）。

（4）其他领域

近年来，阿尔及利亚的宏观经济虽然仍在增长，但增速异常缓慢，远不足以解决严峻的社会需求。

2018年的GDP增长率仅2.5%，被形容为"担忧的一年""又是失去的一年"等。阿尔及利亚经济发展仍面临财政赤字过高、腐败严重、经济结构单一、民营经济活力不足等问题。鉴于2018年的经济状况，国际危机组织警告称，阿尔及利亚急需进行产业多元化改革，摆脱对石油收入的严重依赖，以避免2019年可能出现的经济危机。多年来，阿尔及利亚政府也意识到经济多元化改革的必要性和紧迫性，并推出相关政策，但是在执行中阻力重重。

阿尔及利亚政府采取的最主要方式就是利用各种渠道鼓励和促进在阿尔及利亚各领域的投资，主要包括农业、渔业、农产品、水利、旅游、建筑、公共服务、交通、基础设施、能源、医药等领域。同时，阿尔及利亚政府致力于通过基础设施建设合作带动多领域经贸交往的增加，以共建工业园为契机进一步吸引投资。在互联互通领域，加强在交通和通信领域的合作，以及多领域的人文交流。在产能合作领域，进一步挖掘合作潜力，拓宽合作领域和创新合作方式。

受国际油价下跌影响，阿尔及利亚"2015—2019"五年计划在实施中遭到严重的资金困难，进度缓慢。为应对当前经济形势，阿尔及利亚财政部公布"新经济增长模式"改革文件，主要包含2016—2019年国家预算战略以及"2016—2030"年国家经济多元化和转型战略。前者为解决政府现行预算政策存在的低效和浪费问题，以及因长期实行的社会福利导致的物价失衡问题。该战略旨在改善税收状况，减少财政赤字，促进国内金融市场资源的流动。后者希望通过鼓励大众创业、推动私人投资、改革工业发展政策、重组和整合工业土地资源、实施国家能源转型等政策逐步实现国家的经济目标。

2. 中阿发展战略对接

自从"一带一路"倡议宣布以来，阿尔及利亚官员一直强调共同实施这一倡议的重要性，以拓展双边在基础设施和工业方面的合作，提升两国的贸易额。2019年7月8日，阿尔及利亚官方通讯社阿新社发布题为《丝绸之路：阿尔及利亚批准与中国的合作备忘录》的文章，其中报道：最新颁布的总统令正式批准阿尔及利亚与中国在"一带一路"倡议下的合作备忘录。主要内容如下：2018年9月，阿尔及利亚和中国签署了关于"一带一路"倡议的合作备忘录，并确定在该倡议框架下就不同领域展开合作。通过这一协议，两国"致力于巩固政治关系，加强经济联系，加强人际交往和文化交流，为实现共同发展目标做出贡献"。阿尔及利亚和中国也在努力"通过两国经济提供的潜力、机会和各自的优势，建立成果丰硕的合作和可持续发展"。两国还致力于"加强与参与倡议的国家的合作，巩固经济发展，实现进步"，以及"通过充分利用现有的双边合作机制和约束各方的多边机制，遵循合作、发展、共赢的倡议理念，加强相互交流和支持"。

阿尔及利亚正在大力实施经济多元化和工业化战略。中国工业体系完备，技术资金实力雄厚。双方优势互补，且具有合作发展的共同意愿，通过将两国的发展战略对接，以探索合作共赢的路径。

（1）能源领域

阿尔及利亚经济规模较大，但其经济体系脆弱，产业结构单一，建设资金主要来源于油气出口收入。因此，国家经济受油价影响很大。中阿两国具备很强的能源互补性。中国正在工业化进程之中，需要石油、天然气等能源资源，阿尔及利亚的能源供应可以在很大程度上满足中国的能源需求。中国具有资金、技术、劳务等多方面优势，可以帮助阿尔及利亚进一步发展能源产业，实现经济多元化。此外，欧债危机加速了阿尔及利亚将贸易中心从意大利、法国等传统贸易合作国向新兴大国转移，这为更多的中国企业走进阿尔及利亚带来巨大的机会。

在能源贸易方面，阿尔及利亚对中国出口产品的90%以上为能源燃料和矿物产品。尽管短期内阿尔及利亚丰富的能源储藏能够保障双方间的贸易合作，但当其自然资源被开发殆尽后，两国间贸易前景将不容乐观。因此，双方应拓宽合作领域，激发各自国内生产力。中国企业帮助阿尔及利亚逐步摆脱单一脆弱的能源经济，逐步实现工业化和多元化，营造有利于双方长期合作与发展的共赢局面。

在能源开采方面，阿尔及利亚政府为促进经济健康持续发展，在过去的十多年里加大了基础设施建设和现代化改造力度，并加快实施能源多元化战略。2010年后，阿尔及利亚政府为增加对欧洲及国内市场的成品油供应，拟对炼厂的常压蒸馏装置、气体厂、催化重整装置等设施进行翻新改建，同时新建一些装置。在当前世界经济复苏乏力、国际油价低谷徘徊的大环境下，阿尔及利亚遭遇严重的经济发展问题。因此，阿尔及利亚希望加快炼厂改扩建工程进度，尽快投产，增加石油石化产品的对外出口，减缓国际石油价格下跌对其经济的冲击。中国企业应抓住阿尔及利亚多家炼厂实施改扩建及油品升级换代发展需求的契机，在阿尔及利亚境内合作建设二次加工装置，拓展新的合作空间。

此外，2019年6月3日，中国驻阿尔及利亚大使李连和会见阿能源部长穆罕默德·阿卡布。二人一致认为：鉴于中国企业在阿能源领域展现的突出实力和良好信誉。希望中国能源企业在阿进一步拓展合作，加强两国在能源领域的培训交流。同时，中国企业还应积极关注阿尔及利亚能源上游领域招投标项目，适当介入非常规资源开发项目。

（2）基础设施建设领域

多年来，中国企业一直是阿尔及利亚基础设施建设领域的主力军，在阿尔及利亚成功完成了多个重要的基础设施建设项目和民生项目。未来，阿方将寻求强化国内基础设施发展和工程建设方面的支持。首先，阿尔及利亚政府将发展方式从单个项目向集群项目转化，计划建造多个各种形式的工业园。在这方面，中国企业具有成熟的经验和成功的案例。中国已在埃及、摩洛哥等北非国家建起多个工业园，且运转良好。中国与阿尔及利亚未来的合作可从中借鉴。其次，阿尔及利亚仍面临建设资金不足的问题，未来致力于加大吸引投资的力度，中国对阿尔及利亚投资领域将进一步拓宽。此外，双方将在传统的合作领域之外，还在农业、渔业、工业、旅游、通信等领域深化和加强合作。这些目标都与中国"一带一路"建设的目标相契合。

中阿双方共同商定在两国经贸联委会机制下共同推动中阿产能合作。中方将与阿方从彼此发展战略和需要出发，在双方现有合作基础上，积极探讨开展两国的工业化和产能合作，为切实推动两国多领域合作挖掘潜力，创新方式，开拓空间，为进一步深化两国合作注入强劲动力。中方鼓励有实力的企业按照优势互补、互利共赢的原则赴阿开展产能与投资合作项目,也将配合阿方在不断优化投资环境等方面为中国企业对阿投资合作提供便利与支持。

在这一背景下,阿尔及利亚曾任总理阿卜杜勒-马利克·塞拉勒在2015年4月29日至5月3日访华期间重申:两国合作与共建"一带一路"倡议的愿景高度契合,前景广阔。他强调,中阿双方在重大国际问题上保持一致观点,保持紧密沟通和协调。阿尔及利亚坚持万隆会议精神,致力于促进世界和地区的和平、稳定、公平和发展,愿意在中非合作论坛和"一带一路"倡议框架下继续加深与中国的合作。同年,阿尔及利亚民族院议长本·萨利赫作为布特弗利卡总统的代表来华参加了9月3日在北京举行的纪念中国人民抗日战争暨世界反法西斯战争胜利70周年大会。本·萨利赫在与中国领导人会面时表示阿尔及利亚愿以"一带一路"倡议为契机进一步深化双边在基础设施、科技、文化、旅游等方面的合作,进一步深化两国的经贸关系。

(二)中国和阿尔及利亚共建"一带一路"的机遇、条件和动力

进入21世纪后,中国与阿尔及利亚同处于深化改

革、扩大开放、谋求新合作、期待新发展的时期。共同的目标使然，两国建立起全面战略伙伴关系，以加强合作。2013年，习近平主席提出"一带一路"倡议，为中国未来的对外关系和全面发展绘制了清晰的蓝图。共建"一带一路"倡议得到阿尔及利亚政府和民众的积极回应。阿方官员多次在不同场合表达了与中国在"一带一路"倡议下开展合作的意愿，阿尔及利亚各领域也都表达了与中国加强交流与合作的愿望。2018年9月，阿尔及利亚外长阿卜杜勒-卡德尔·梅萨赫勒与中国国家发展和改革委员会主任何立峰在中非合作论坛峰会期间就中国"一带一路"倡议签署了谅解备忘录。可以说，"一带一路"倡议的提出为中国与阿尔及利亚的友好合作关系带来新的机遇、条件和动力。

1. 中国和阿尔及利亚共建"一带一路"的机遇

阿尔及利亚一直是中国的全面战略伙伴，是中非合作论坛、中阿合作论坛的积极参与者和贡献者。共建"一带一路"为两国关系向更宽领域和更深层次发展提供难得的机遇。

从中阿双边关系看，"一带一路"倡议的提出促使两国的发展战略相互对接，以寻找到契合点，为下一阶段的双边合作指明方向。2014年11月，在习近平主席的主持下，中央财经工作领导小组第八次会议专门讨论"一带一路"倡议。在2014年12月的年度中央经济工作会议上，这一倡议被提升到中国2015年的优先发展战略。阿尔及利亚方面将本国的"2015—2019"五年计划与中国的同期发展战略相对接，从而找到二者的主要契合点：即拓展双边在基础设施和工业方面的合作，开拓新的合作领域，提升两国的贸易额。此外，"一带一路"倡议是一个全面、系统的工程，包括政策沟通、设施联通、贸易畅通、资金融通和民心相通五大重点领域，中阿合作的领域也随之拓宽，产能合作、航天等高科技领域的合作、人文交流等都实现了不同程度的进展。阿尔及利亚曾任及现任驻华大使都曾在不同场合强调实施这一倡议为促进双边关系的全面发展提供了新的机遇。

前任阿尔及利亚驻华大使哈桑纳·拉贝希在《阿尔及利亚：一带一路开拓阿中合作新未来》一文中写道："在互利共赢原则的指导下，双边共同推动一带一路建设将会给两国在政治、经济、社会和文化等领域的全面战略合作伙伴关系带来强劲动力。中阿双方将会共同努力推动双边关系发展，进一步巩固通过增强协调沟通和高层互访所取得的成果。最后，在一带一路框架下的双边合作将会进一步增强中阿两国政治互信，推动双边在重大国际和地区问题的协调与合作，进一步维护两国的共同利益，推动两国在实现各自在发展、进步、安全和稳定方面的共同事业。"①

从中国与阿尔及利亚所在区域和组织的关系看，阿尔及利亚可以在"一带一路"建设中发挥欧洲与非洲"中间站"以及非洲"桥头堡"的作用。从地理位置看，阿尔及利亚联通非欧。阿尔及利亚扼守非洲的北大门，与法国、西班牙等欧洲大国之间仅1个多小时的空中航程。从国家能力看，较之其他非洲国家，阿尔及利亚基础设施相对完备，国家长期保持稳定发展。它是非洲联盟、阿拉伯国家联盟、地中海联盟等区域组织中的重要成员国。鉴于此，中国与阿尔及利亚共建"一带一路"对于中国与欧非两大洲的联通，以及中国与相关国际组织开展合作都将提供新的机遇。

2. 中国和阿尔及利亚共建"一带一路"的条件

中国与阿尔及利亚共建"一带一路"具有充分的条件。正如前任中国驻阿尔及利亚大使杨广玉曾说："阿尔及利亚是'一带一路'建设的优质合作伙伴。"

政治上，两国长期保持政治稳定，且相互间保有深厚的政治互信。自1958年建立外交关系至今，两国间的政治关系稳定发展，高层交往密切，在重大国际

---

① 哈桑纳·拉贝希：《阿尔及利亚：一带一路开拓阿中合作新未来》，《中国投资》2016年第1期。

和地区问题上相互理解和支持。经济上，两国具有互利、互惠和互补性。双边贸易方面，阿尔及利亚富有油气能源和多种自然资源，是中国从阿方进口的主要对象。中国生产的机电产品、运输设备、金属制品、小商品等都受到阿方的欢迎。中国已超越法国等阿尔及利亚传统贸易伙伴，连续多年成为阿第一大进口来源国。承包工程领域，阿尔及利亚是中国最大的海外市场之一，数十家中国企业长期在阿尔及利亚承建工程项目，涉及基础设施、能源、住房等多领域。随着合作的深入，中国企业在阿投资也不断增加。阿尔及利亚正在大力实施经济多元化和工业化战略。中国工业体系完善，技术资金实力雄厚。双方未来在经济领域的互利合作将有更大的空间和潜力。此外，两国在科技、文化、卫生方面的交往实现了民心相通。数十年来，中国向阿尔及利亚派遣医疗队，为当地民众送药医病，在当地传为佳话。中国向阿尔及利亚提供政府奖学金，支持其学生来华留学，建起中阿交往的文化桥梁。中国助阿发射通信卫星，为其培训多领域的科学技术人员。当前，中国与阿尔及利亚之间已经切实实现了"五通"。两国在共建"一带一路"中已具有良好的先决条件。

3. 中国和阿尔及利亚共建"一带一路"的动力

一位长期在中国企业工作的阿尔及利亚籍员工在

谈及中阿关系时，引用非洲一句古话："年轻人走得快，但是比不上老人熟悉道路。"① 中国是一个历史悠久的文明古国，阿尔及利亚和其他非洲国家最适合的发展方式，莫过于借鉴中国所走过的道路。阿方对中国发展模式的认同和相互合作的意愿是两国共建"一带一路"的强大精神动力。

中国国家主席习近平提出的"一带一路"倡议正在付诸实践，中非合作是这个倡议的重要环节。中国与阿尔及利亚在此框架下开启的产能合作将使阿方摆脱石油美元的困境，中国制造、中国经验必将在两国产业合作中大放异彩。未来，中阿两国可以广泛建立合作公司，使得大部分进口产品可以被当地制造所替代。中国制造曾经在海外留下廉价和低质的印象，一方面是消费者追求最低价格的商品，另一方面，中国产业结构决定了产品必须满足各个档次的需求，确保产业的正常运转。如今中国制造即将成为优质产品的代名词，有越来越多的中国企业"走出去"，中国的品牌正走向非洲地区，人们对中国产品的印象也在逐步改变，越来越多高质量的中国产品正进入非洲市场。这些都是中阿共建"一带一路"，共赢发展的物质动力。

此外，针对中国与阿拉伯国家共建"一带一路"，

---

① 贾迈勒·鲁阿纳：《"一带一路"战略构想助力企业共赢发展》，人民论坛，2016.09下，2016年9月30日。

中国政府又于2016年在阿拉伯国家联盟总部发表了首个中国对阿拉伯国家的政策文件。着力点在：①深化全面合作、共同发展的中阿战略合作关系；②中国与阿拉伯国家的合作愿景；③在政治、投资贸易、社会发展、人文交流、和平与安全等领域全面加强中阿合作；④中阿合作论坛及其后续行动；⑤中国与阿拉伯区域组织关系。这成为中国与包括阿尔及利亚在内的阿拉伯国家共建"一带一路"的政策动力。

"一带一路"倡议不仅是中国与沿线国家发展关系，深化合作的动力，也将给全球经济带来新的增长力，包括增加投资，提升基础设施，促进经济融合和不同国家和民族间的交流以及不同文明之间的相互学习，推动世界和平与发展。

（三）中国和阿尔及利亚共建"一带一路"的主要领域和进展

中国与阿尔及利亚共建"一带一路"涉及经贸、承包工程、能源、卫生、科技、教育等多领域，从总体看进展顺利，但未来也可能受到阿方政局变动的影响。

1. 经贸合作

中国长期对阿尔及利亚处于贸易顺差。自2014年至今，中国一直是阿尔及利亚最大的进口来源国。2018年中阿双边贸易额达到91亿美元，阿尔及利亚对中国的出口不断增长，已成为中国在非洲的第五大贸易伙伴。2018年底，阿尔及利亚国家石油公司与中国中信建设有限公司签署"综合开发阿尔及利亚磷酸盐一体化项目"的合作文件。这一项目是阿尔及利亚近10年来最大的工业项目，也是中阿经贸合作的一个里程碑，自此改变了双方间单一的"进出口"经贸模式。该项目投资额为60亿美元，现已成立合资公司，预计于2022年完工投产。

2. 承包工程合作

承包工程领域一直是中国与阿尔及利亚合作的重点领域。以中国建筑工程总公司、中国石油天然气集团公司等为代表的近百家中国企业已在阿尔及利亚深耕数十年，为阿尔及利亚基础设施、能源开发、交通运输、民用建筑等领域都做出巨大贡献，也涌现出一些地标性建筑和杰出项目。约有近10万华人长期在阿尔及利亚工作。

在阿尔及利亚从事承包工程的中国企业主要有：中国建筑工程总公司、中国石油天然气集团公司、中国石油化工集团公司、中铁建设集团、中国中信集团公司、中国土木工程集团有限公司、中国冶金科工集团有限公司、中地集团有限公司、中原集团、浙江建设投资集团有限公司、浙江省东阳第三建筑工程公司、中水建设集团、中国水利水电对外公司、中国港湾工程有限责任公司、中地海外建设集团有限公司、中航技国际工程公司、河南豫非农业水利整治公司、中鼎国际工程有限责任公司、中铁建工集团有限公司、华为技术有限公司、中兴通讯股份有限公司等。

(1) 中国在阿尔及利亚已建造出一些地标性建筑和杰出工程

中国在阿尔及利亚已建造完成的工程项目主要有：包括松树五星级宾馆、阿尔及尔和奥兰喜来登酒店在内的多家高档酒店，包括君士坦丁、奥兰、安纳巴等多个大学城，东西、南北、环城多条高速公路，多地的体育馆和俱乐部，布迈丁国际机场，外交部大楼，共和国卫队指挥中心，斯基克达凝析油炼厂，多个水利整治和农田灌溉项目，以及公共商品房及商服工程等。其中一些项目在当地具有地标性意义，一些项目利国惠民，主要有以下几方面。

中国铁建和中国中信联合承建的阿尔及利亚东西高速公路项目中的中、西两个标段。东西高速公路位于阿尔及利亚北部地中海沿岸，全长1216千米，东接突尼斯、西连摩洛哥，贯穿阿境内24个省区，途经地区人口占阿尔及利亚总人口的90%，是阿尔及利亚建国以来实施的最大现汇工程项目。该项目被誉为阿尔及利亚的"总统工程""世纪工程"。其建成通车后既方便了阿尔及利亚民众的出行，也打开了外界进入阿尔及利亚东部的大门，更有助于阿尔及利亚国内经济发展和马格里布地区国家间的合作。2006年5月，中国中信—中国铁建联合体中标该项目，分获169千米和259千米，成为中国公司有史以来在国际工程承包市场承接的各类工程中单项合同金额最大、同类项目中技术等级最高、工期最短的大型国际总承包项目。这也是中国首个采用欧洲规范和欧洲技术标准的海外工程项目。其中，中国铁建承建的中标段地形复杂，地质条件恶劣，滑坡、流坍广布，是东西高速公路施工难度最大的路段。在项目施工过程中，中国铁建整合系统内资源，实现了三大创举：突破国内既有设计思路的范式，实现与欧洲设计规范接轨，填补了中资企业在欧洲规范和欧洲标准方面的空白，破解了泥灰岩地质施工这一世界性难题。最终，于2012年4月实现道路全线按期通车，完成项目整体临时验收，展现了"中国速度"。项目组也根据现实需要，分步骤开展补充协议谈判，最大限度维护了国家和企业的利益。该标段项目被阿尔及利亚工程界视为"阿尔及利亚工程教科书"。阿东西高速公路项目被评为中阿十大影响力工程，荣获"中阿合作杰出贡献奖"，2018年6月斩获詹天佑奖，成为历史上首个获得詹天佑奖的非洲工程。

2010年7月，中建阿尔及利亚公司与阿尔及利亚总理府国家公寓管理局签订阿尔及利亚国际会议中心项目合同，主合同额为8亿美元。项目位于阿尔及尔省松树俱乐部国家宫内，建筑面积23万平方米，由6000人报告厅、600人会议室、300人代表厅、15000平方米展览厅等组成。项目结构为大跨度钢结构，内部装饰风格为伊斯兰摩尔式和现代风格相结合。该项目已于2016年年底竣工，为非洲最大、最壮观的会议中心。

2012年2月，中建阿尔及利亚公司与阿尔及利亚大清真寺建设与管理局签订大清真寺项目建造合同，主合同额为15亿美元。该项目是非洲高度最高、规模最大的建筑，拥有非洲第一高塔楼，世界第一高宣礼塔，成为非洲第一大，也是世界第三大清真寺。该项目现已竣工，作为阿尔及利亚重要的宗教集会场所，可容纳36000人同时祷告，并吸引世界各国历史学家、艺术家、学者以及旅游者前往参观，成为阿尔及利亚地标性建筑。

（2）中国企业仍在阿尔及利亚从事多个重大的建设项目

当前，中国企业在阿尔及利亚仍有多个大型在建项目，主要有以下几方面。

2016年1月，中建阿尔及利亚公司、中国港湾与阿尔及尔港务集团就兴建阿尔及利亚中部港共同签署成立合资公司的框架协议。中方在其中持股49%。该港口位于距离阿尔及尔以西60千米处的中部海岸，是阿尔及利亚一个重要的基础设施。总投资约33亿美元，工期7年。项目规划建成后拥有23个码头泊位，码头总长6320米。港口占地面积1032公顷，物流占地面积2000公顷，年吞吐量为630万个20英尺标准集装箱，外加2570万吨散货，连带其他相关陆地配套设施。该项目于2016年启动，建成后将成为阿尔及利亚最大港口，也是地中海沿岸主要货物集散地。阿尔及利亚正在进行经济转型升级，全力发展本国工业，港口建设将为未来的工业发展打下一个坚实的基础。鉴于阿尔及利亚区位优势，该港口将成为环地中海地区和非洲内地国家的重要中转地，对阿尔及利亚经济发展将起到重要的推动作用。随着海运需求的增加，中部港还将成为非洲与东南亚和美洲的中转枢纽。

2012年4月，中建阿尔及利亚公司与阿尔及利亚国家高速公路管理局（ANA）签订南北高速公路希法段（CHIFFA）合同，主合同额为12亿美元。项目全长53千米，其中包括6个隧道，近百座桥隧和76座高架桥，是南北高速公路的起点和咽喉地段，因多峭壁和狭长河谷，被公认是阿尔及利亚境内地质条件最复杂、施工难度最大的高速公路。该路北起地中海，穿越撒哈拉沙漠，向南延伸至中部非洲腹地，对阿尔及利亚经济发展和国家安全均具有重大战略意义。

此外，中国企业还正在阿尔及利亚从事基础设施、公建、住房等多领域的项目。中国企业以工作效率高、承建工程质量好赢得阿尔及利亚政府和民众的赞誉。未来，当阿尔及利亚经济形势好转，新政府将开启更大规模的基础设施建设，中资企业在阿尔及利亚承接工程项目的前景还将更加广阔。同时，不可否认的是，阿尔及利亚政府不断为本土企业提供优惠政策扶持，加之国外公司不断进入其市场，导致竞争越发激烈。中国企业在当地属地化经营比例不高，投资较少，未来在面对机遇的同时，也将面临相关挑战。

3. 能源合作

中国石油工程建设有限公司自2004年进入阿尔及利亚市场，先后成功实施了凝析油炼厂、图瓦油田项目、水利部的水泵站项目和阿国家石油公司油泵站项目等。通过上述项目的实施，该公司在阿尔及利亚积累了丰富的EPC项目经验，凭借在工期、成本和质量安全等方面的优异业绩和显著优势，在阿尔及利亚树立了良好的品牌形象。2016年11月，中石油在阿尔及利亚再签大单,与阿尔及利亚国家石油公司正式签约阿尔及尔炼油厂改扩建项目,合同签约价5.6亿美元。项目负责人曾这样介绍该项目:"此项工程是原国际著名石油公司结束合同后由我们承接的二手项目,事关中阿合作成果,所以必须定位零脱靶、执行零差池、服务零纰漏,为中国石油集团公司和中国石油工程建设公司深度开拓非洲市场提供支撑。"此项目于2017年1月开始建设,预计于2019年底交付验收。

4. 产能合作

2016年,中国与阿尔及利亚签署了《关于加强产能合作的框架协议》,囊括了能源利用、铁路、基建、可再生能源等多个领域的技术合作。未来,中国有望在阿尔及利亚建立多个自由贸易区,促进与之在工业领域的合作,打造双方合作项目。

为推动两国产能合作的切实推进,2018年1月30—31日,两国政府联合召开产能合作第一次联合工作组会议。中方代表团由中国商务部西亚非洲司副司长沈翔率领,阿方代表团由阿尔及利亚工矿部公共贸易管理司总司长贾麦勒·艾迪·舒特赫率领。会议期间,双方组织召开了企业对接会,阿尔及利亚投资发展署介绍了投资政策,双方代表团就加强两国产能合作进行了会谈,签署了《关于落实产能合作框架协议联合工作组的内部规程》和《关于加强产能合作联合工作组第一次会议纪要》。自此，中阿产能合作进入落实阶段。

2018年1月18日，中国电力建设集团有限公司（以下简称"中国电建"）承建的阿尔及利亚233光伏电站项目巴特纳站成功并网发电。这是阿尔及利亚国内首个大规模光伏电站，总装机233兆瓦，分为3个标段共15个电站，位于地中海与撒哈拉沙漠的包围圈中。在全球能源结构转型的大背景下，各个国家对光伏产品的需求持续升温，光伏产业成为了"一带一路"倡议重点合作领域。

该项目自2013年11月启动，中国电建力争将其建设成为中阿开启"一带一路"合作的标志性工程，凭借丰富的国际施工经验和完善的管理体系，以及深耕阿尔及利亚市场十余载积累的良好形象和口碑，一举中标。该项目的各个电站分布相对分散，从北部沿海到中部高原再到南部沙漠，纵贯阿尔及利亚全境，点多、面广、战线长、管控难度大。项目组建立了一套责任明晰的有效机制，强化标段管理，加强各标段沟通。值得一提的是，中国电建在实施该项目中注重本土化管理，致力于拉动当地就业。项目部雇用了大批当地管理和劳务人员，在项目施工高峰期每个标段约有700名当地雇员。项目部采取"求同存异"的国际化管理模式，充分尊重当地的宗教信仰和风俗习惯，为外籍雇员提供相对优厚的工资待遇、公平可行的晋升通道和良好的工作环境，同时将中国电建的企业文化传播给当地雇员，加强当地员工与中方员工的文化融合。不仅在拉动当地就业、促进当地经济发展方面有着积极作用，更促进了国有企业"走出去"的本土化发展，加快了国有企业的国际化进程。此外，项目部还组织了12批次阿尔及利亚业主、技术人员共计百余人到中国学习培训光伏电站建设技术、运行维护管理等，为阿尔及利亚光伏电站储备了大量技术人才。

阿尔及利亚拥有丰富的光热资源，为对其充分利用，该国政府制定了一份长期发展规划，计划至2030年共投资600亿美元建设新能源发电，完成22000兆瓦的光伏装机容量。中国企业必将参与其中。

5. 卫生合作

医疗卫生合作是中阿友好合作的重要组成部分。中国于1963年向阿尔及利亚派遣了第一支援阿医疗队，这也是中国首支援外医疗队。56年来，中国已累计向阿派遣了26支医疗队，他们在阿尔及利亚多个省份辛勤工作、治病救人，受到阿尔及利亚政府和民众的热烈欢迎。中国在阿尔及利亚境内的医疗点最多时达到23个，遍布阿尔及利亚全境，曾在一年内派出多达230人。中国医疗队在阿尔及利亚成功实施过心脏、断肢再植、颅内深部和胸腔肿瘤、全鼻再造、盲人复明、听力重建等高难度手术，填补了阿尔及利亚多项医疗空白。同时，通过传、帮、带，为当地培养了一大批骨干医务人员，有力地促进了阿尔及利亚卫生事业的发展和人民健康水平的提高。

中国的援外医生们不仅拥有过硬的医治水平，他们敬业奉献的医德医风也得到了当地民众的充分肯定。2013年，在中国派遣援非医疗队50周年之际，阿尔及利亚邮政部门专门发行了一套纪念邮票。其中一枚邮票上的图案是：在非洲地图上树立着一根象征医疗的蛇杖，蛇杖旁是中阿两国国旗化成的翅膀，蛇杖顶部是太阳散发着光芒，寓意"中华民族的优秀使者"为非洲大陆的患者带来了关怀、光明与希望。

援外医疗工作是中国外交工作不可分割的一部分。改革开放以来，中国进行了从无偿援助到国际通行的共同负担等方式的跃进。近年来，随着中国经济社会快速发展，中国逐步加大对发展中国家的卫生援助，以提高受援国医疗卫生技术水平和医疗卫生事业的发展能力，不断总结经验，创新形式，改革管理机制，实现援外医疗队的可持续发展和支持受援国卫生事业的可持续发展。中国医疗领域的对外合作方式正在寻求新的突破，根据受援国的实际需求并结合中国在援外医疗工作中的经验，在今后的援外医疗工作中，将继续探索一种能使双方均可认同的合作体系。

2015年中非合作论坛约翰内斯堡峰会中，中国提出在今后一段时间重点实施"八大行动"，其中包括在卫生领域实施健康卫生行动。中国决定优化升级50个医疗卫生援非项目，重点援建非洲疾控中心总部、中非友好医院等旗舰项目；开展公共卫生交流和信息合作，实施中非新发再发传染病、血吸虫、艾滋病、疟疾等疾控合作项目；为非洲培养更多专科医生，继续派遣并优化援非医疗队；开展"光明行""爱心行""微笑行"等医疗巡诊活动；实施面向弱势群体的妇幼心连心工程。

2018年，湖北省和阿尔及利亚正式签订了建设两个标准化妇产科中心和中医医疗中心的协议。在合作形式方面，将由单纯诊疗服务扩展至人员培训、学者互访和建立阿尔及利亚相关从业人员资格认证制度等。2019年5月30日，中国驻阿尔及利亚大使李连和与阿尔及利亚卫生、人口和医疗改革部部长穆罕默德·米拉维在阿尔及利亚卫生部代表两国政府签署了新一期《中华人民共和国政府和阿尔及利亚民主人民共和国政府关于中国派遣医疗队赴阿尔及利亚工作的议定书》。李大使表示，中方愿同阿方一道努力，加强双方在医疗卫生等各领域交流与合作，不断丰富两国全面战略伙伴关系内涵，更好造福两国人民。米拉维部长表示，中国医疗队是联结阿中人民的友谊纽带，阿尔及利亚政府和人民衷心感谢中国医疗队半个多世纪以来在阿救死扶伤，为阿尔及利亚医疗卫生事业做出的重要贡献。阿尔及利亚卫生部愿全力支持中国医疗队工作，继续深化两国医疗卫生领域互利合作，使中阿友谊代代相传。

6. 科技合作

2017年12月11日，阿星1号（ALCOMSAT-1）通信卫星由长征-3B运载火箭在西昌卫星发射中心成功发射，这是中国首颗高通量国际商业合作通信卫星。该卫星是阿尔及利亚航天局向中国航天科技集团公司定制的一颗地球静止轨道通信卫星，设计寿命15年，采用东方红-4公用卫星平台，由中国空间技术研究院通信卫星事业部抓总研制。作为阿尔及利亚的第一颗通信卫星，阿星一号通信卫星有效载荷覆盖Ku FSS、Ku BSS、Ka和C/L频段，共计33路转发器和7副天线，将为该国提供广播电视传输、政府安全通信、宽带接入、导航增强等多项重要业务。卫星还采用Ka频段多波束天线技术，支持多用户、大容量双向通信，具备双向宽带通信能力，相关技术达到了国际先进水平。

阿尔及利亚通信卫星项目是迄今为止中国航天签约合同金额最大的天地一体化项目，包括卫星、运载、地面测控系统、地面应用系四大部分。在国际合作一揽子服务当中，中方完成了阿星1号国际客户培训工作，为后续阿尔及利亚用户使用和管理好卫星打下了坚实基础。该项目的顺利完成，不仅对我国通信卫星国际市场的开拓有重要意义，也为中阿两国在其他空间领域技术合作奠定基础，具有重大的政治经济意义。

阿尔及利亚时任总统布特弗利卡和中国国家主席习近平为第一颗阿尔及利亚卫星的成功发射相互道贺。布特弗利卡总统表示：中国的信息通信技术非常发达，但却愿意分享该领域的技术，对此表示崇高敬意！习近平主席向布特弗利卡总统发来贺电，祝贺阿星1号卫星成功发射，祝贺阿尔及利亚技术人员圆满完成任务！这次卫星的成功发射意味着阿尔及利亚有了第一颗通信卫星，它也是中阿两国在空间技术领域的首次双边合作。阿星1号覆盖阿尔及利亚全国，并为北非用户提供服务，还通过L波段传输信号，覆盖地球北半球大部分地区，将优化GPS、格洛纳斯和伽利略等卫星导航系统的信号质量，减少信号之间相互干扰或者故意恶化质量的风险，具有多方面的重要意义。

7. 教育合作

2014年9月，中国和阿尔及利亚签订了的《中阿科学、技术和高等教育合作协议》。当月发布的《全球竞争力报告》显示，阿尔及利亚在高等教育、科学、技术和创新领域尚未取得实质性进展。目前，影响阿商业发展的最大问题是受过教育的劳动力不足和创新能力的短缺。中阿高等教育合作协议将推动两国大学生和教职工交换项目的进展，增强两国大学之间的合作关系。协议包括：组织关于高等教育面临的挑战方面的研讨会和座谈会；推动两国高校科研合作项目的发展等。双方一致同意在社会问题、重大经济问题、阿尔及利亚推广汉语等方面进行结构化研究。

在阿尔及利亚的汉语教学方面，自2008年起，中国国家汉语国际推广领导小组办公室（简称"国家汉办"）先后在君士坦丁、奥兰和安纳巴大学开设汉语课堂。2014年，阿尔及尔第二大学和四川外国语大学实现合作办学，在阿尔及尔第二大学语言教学中心开设了一系列汉语课程。此课程在最初阶段是为阿尔及利亚学生提供一系列的汉语课程，而后的目标则是在阿尔及尔第二大学设立中国语言和文化专业的学士学位。中国对外经济贸易大学、黑龙江大学等高校也在近年间陆续接收来自阿尔及利亚的留学生。

8. 文化合作

近年来，中国与阿尔及利亚的文化合作形式丰富多样，程度不断加深。其中主要有：一方面，中国的影视作品在阿展演。多部中国电视剧被译为英文、法文、阿拉伯文等语种在包括阿尔及利亚在内的非洲国家播放，已成为非洲观众喜闻乐见的文化体验，在当地受到广泛欢迎。2017年，由电影频道节目中心和阿尔及利亚国家电视台联合主办，在阿国家电视台展映《十二生肖》《大武当之天地密码》《太极1从零开始》《太极2英雄崛起》等动作电影以及魔幻电影《画皮2》等多部影片。本次中国电影展播活动是中阿人文交流的一大盛事，展播的7部影片题材丰富、风格各异，体现了中国电影创作生产的最新成果，为两国电影业的发展注入新内容和新活力。同时，还能增进两国人民的相互认知和理解，为传承和发展中阿友谊，巩固和深化中阿全面战略合作伙伴关系做出积极贡献。阿方对此次活动表示热烈欢迎，阿尔及利亚国家电视台副台长穆斯塔法·卡迪克指出近年来阿尔及利亚与中国在政治、经济、文化等各领域的合作不断推进，举办电影展播活动是很好的文化交流形式，以此为契机希望今后能在屏幕上看到更多的中国电影，也希望与中国开展电影制片合作。

另一方面，中国帮助阿尔及利亚建设文化设施，并进行文化交流。2016年2月，中国政府援建的阿尔及尔歌剧院项目竣工，自此开启了两国在文化、艺术领域的深入合作。2018年，深圳爱乐交响乐团在那里举办了音乐会。2019年10月12—17日，在阿尔及利亚歌剧院举办第十一届阿尔及尔国际交响音乐节，是阿尔及利亚规模最大、最具影响力的音乐节。四川音乐学院交响乐团一行45人应邀参加，通过西方交响乐的形式演奏中国传统民乐，向观众传递中国声音，向阿尔及利亚人民表达了中国人民的美好情感。2018年12月4日，中国援阿尔及利亚青年文化宫项目实施协议在阿尔及尔签订。该项目总建筑面积为2.83万平方米，包括多功能影剧院、文化艺术馆、体育馆、室内游泳馆、青年旅馆、幼儿园等。

四 新时代中阿建设全面战略关系的途径和建议

(一) 以新发展观推进中阿国家能力建设

在推进中国特色社会主义实践和理论的进程中,发展的问题和发展的理论始终贯穿其中。发展是时代的主题,是当代中国面临的重大问题,也是理论界关注的重大议题。中国特色社会主义理论包含着丰富的社会发展理论,而且经历了一个认识逐步深化和全面的过程。习近平同志在浙江工作期间就曾指出:"发展观决定发展道路""发展不能走老路"。① 党的十八届五中全会提出了"创新、协调、绿色、开放、共享"的五大发展理念②,丰富和发展了马克思主义的社会发

---

① 习近平:《之江新语》,浙江人民出版社2007年版。
② 《中共中央关于制定国民经济和社会发展第十三个五年规划的建议》,2015年11月3日。

展观，标志着当代中国新发展观的诞生。

"创新、协调、绿色、开放、共享"的五大发展理念是实现中国"十三五"既定发展目标，破解发展难题，厚植发展优势的理论指南，是"十三五"乃至更长时期内中国发展思路、发展方向、发展着力点的集中体现。它是改革开放近40年对于发展问题的经验总结与理论提升，集中反映了中国共产党对中国经济社会发展规律的认识和把握，是关于发展观念的又一次理论创新。新发展观中的五大发展新理念不仅应用于中国国内发展，也作为对外友好合作的指导原则。中国与阿尔及利亚的友好合作历史悠久，当前呈现规模大、领域广、程度深的特点。未来，顺利推进现有合作和进一步深化交往需要加强两国的能力建设。新发展观中提出的"五大理念"对此具有重大的指导意义。

1. 创新发展

创新是推动发展的重要力量。中国与阿尔及利亚关系的发展需要向创新要动力。21世纪以来，全球科技创新进入空前密集活跃时期，新一轮科技革命和产业变革正在重构全球创新版图，重塑全球经济结构。共建"一带一路"为大部分处于工业化初、中级阶段的国家平等合理地融入全球产业链和价值链提供了新契机。随着各类要素资源在沿线国家之间的共享、流动和重新组合，各国可以利用各自比较优势，着眼于技术应用研究、高技术产品研发和转化，不断将创新驱动发展推向前进。共建"一带一路"将成为沿线国家创新发展的新平台，成为沿线国家实现跨越式发展的驱动力，成为世界经济发展的新动能。中国与沿线国家之间的联动发展、合作应对挑战，已经并将继续使不同国家、不同阶层、不同人群在开放型世界经济发展中共享经济全球化的成果。

数字经济是继农业经济、工业经济之后的主要经济形态。当今世界正在经历一场更大范围、更深层次的科技革命和产业变革，现代信息技术不断取得突破，数字经济蓬勃发展，各国利益更加紧密相连。共建"一带一路"要求坚持创新驱动发展，与各方加强在人工智能、纳米技术、量子计算机等前沿领域合作，推动大数据、云计算、智慧城市建设，连接成21世纪的数字丝绸之路。通过沿线国家青年科学家来华从事短期科研工作以及培训沿线国家科技和管理人员等方式，形成多层次、多元化的科技人文交流机制。通过共建国家级联合科研平台，深化长期稳定的科技创新合作机制，提升沿线国家的科技创新能力。构建"一带一路"技术转移协作网络，促进区域创新一体化发展。

在创新发展方面，中国与阿尔及利亚的合作已经走在中国对外合作的前列。两国间的合作不局限于固有形式，不止步于现有领域，而是不断探索新领域，尝试新方式，在互利合作中致力于提高国家能力建设，与"创新发展"的理念高度契合。如，近年来，中国与阿尔及利亚在航天领域的合作取得重要成果。中国不仅帮助阿方在航天领域实现突破和飞跃，更致力于提高其自主发展能力，在为其培训高级人才方面取得进展。中国为阿尔及利亚培训的对象包括卫星设计、制造和利用，以及其他空间通信领域的博士、硕士和工程师。阿星一号的设计和建设开启了两国间技术培训合作。随着伙伴关系的建立，中方为阿方培养了卫星监控、操作、专业技能、组装方面300名工程师和博士。未来，阿尔及利亚宇航局的工程师将负责在阿尔及利亚操作中心对一号卫星的监控。布特弗利卡总统曾表示："我们高度称赞中方为阿方培训的一大批高素质人员，这是双方合作的重要成果，它将保证阿尔及利亚国家空间计划顺利、可持续的实施。"中国建筑、中国电建等企业也在与阿方多年的合作中为阿方培训了大量相关工程、技术人员。中阿合作不局限于眼前利益，不停创造出新动力。

2. 协调发展

协调发展是可持续健康发展的内在要求，解决的是发展不平衡问题,具有对内政和外交的双重意义。党的十八大以来,面对国际形势的深刻变化,以习近平同志为核心的党中央统筹国内国际两个大局,统筹发展两件大事,坚持独立自主的和平外交方针,坚定不移地维护世界和平、促进共同发展,在构建以合作共赢为核心的新型国际关系中展现了中国气派,贡献了中国智慧。

建立以合作共赢为核心的新型国际关系,具有丰富的科学内涵和鲜明的时代特征。合作共赢是双方或多方在合作中互惠互利、相得益彰,让合作各方都有所收获,各得其所。合作共赢以平等为基础,以合作为路径,以共赢为目标,是通向新型国际关系的路线图。平等是构筑新型国际关系的根本基础。2015年4月22日,习近平主席在亚非领导人会议上的重要讲话中指出:"合作共赢的基础是平等,离开了平等难以实现合作共赢。"[①] 平等首先是权利平等。国家不分大小、强弱、贫富,一律平等,不能以大压小、以强凌弱、以富欺贫,反对任何国家垄断国际事务。作为国际社会的成员,每个国家都有平等参与国际事务的权利。其次是相互尊重,这不仅体现在尊重各国主权和

---

① 《习近平在亚非领导人会议上的讲话(全文)》,http://www.xinhuanet.com/world/2015-04/22/c_1115057390.htm,2015年4月22日。

领土完整，互不干涉内政，还体现在"尊重各自选择的社会制度和发展道路，尊重彼此核心利益和重大关切，求同存异，包容互鉴，共同进步"①。合作是构建新型国际关系的不二路径。当今世界，各国相互依存、休戚与共，人类生活在同一个地球村里，越来越成为你中有我、我中有你的命运共同体。唯有合作才能维护世界和平，唯有合作才能促进共同发展。合作是人类社会走向持久和平、稳定与繁荣的唯一正确选择。共赢是构建新型国际关系的终极目标，也是区别于传统国际关系模式的根本特征。在新型国际关系模式下，各国在追求本国利益时兼顾别国利益，在寻求自身发展时兼顾别国发展，最终实现共同发展与普遍繁荣。2017年3月17日，联合国安理会一致通过第2344号决议，首次载入"构建人类命运共同体"的重要理念，体现了国际社会的共识，彰显了中国方案对全球治理的重大贡献。

在实施协调发展的对外关系中，我国提出并付诸实施构建新型国际关系的中国方案。中国与阿尔及利亚的关系既是该方案的践行者，也是受益者。中国方案的主要观点有以下几方面。

（1）构建以合作共赢为核心的新型国际关系必须

---

① 《习近平三句话概括中美新型大国关系》，http：//world.people.com.cn/n/2013/0610/c364320-21807158.html，2013年6月10日。

加强和完善以联合国宪章为核心的国际秩序和国际体系。联合国宪章奠定了现代国际秩序基石,确立了当代国际关系基本准则。构建以合作共赢为核心的新型国际关系,并不意味着要将现有体系推倒重来或另起炉灶,而是与时俱进地推动国际秩序和国际体系进行必要的改革和完善。我们所主张的改革完善,是要改变全球治理体制中不公正不合理的安排,增加新兴市场国家和发展中国家的发言权,推动各国在国际合作中权利平等、机会平等、规则平等,努力使当前的国际秩序和国际体系更加公正合理。

（2）构建以合作共赢为核心的新型国际关系需要在思维观念上"破旧立新"。我们身处一个高度相互依赖的世界：机遇需要共同创造,挑战也需协力应对。国际社会应该超越国际关系中陈旧的零和博弈,超越危险的冷战、热战思维,变压力为动力,化危机为生机,以合作取代对抗,以共赢取代独占,同舟共济,权责共担,增进人类共同利益。因而,树立人类命运共同体的意识与合作共赢的新理念不仅是恰逢其时,而且也是应对全球性挑战,实现人类可持续均衡发展的必然要求。

（3）构建以合作共赢为核心的新型国际关系需要大国切实肩负起历史与时代责任。综观世界,各国能力和水平存在差异,这意味着在同一目标下各国应该承担共同但有区别的责任。其中，大国应该发挥其特殊作用，为世界和平、稳定、发展、繁荣做出更多更大的贡献。实际上，大国在承担其历史责任与时代责任的同时也在不断提升其国家威望与国际地位。但是，这绝不意味着大国可以罔顾他国意愿主导世界。习近平主席指出："作为大国，意味着对地区和世界和平与发展的更大责任，而不是对地区和国际事务的更大垄断。"[①] 因此，大国需要明确责任担当与权力边界，在构建新型国际关系进程中发挥建设性、引领性作用。

同为发展中国家的阿尔及利亚各界对上述观点表示赞同和支持，双方间长期以来在多方面的友好合作也是对上述观点的践行，并用事实证明了其正确性。中国与阿尔及利亚数十年的友好合作关系证实了：只有协调发展才是可持续发展，才是共赢发展，既体现在产业间的协调，也体现在国家间的协调。

3. 绿色发展

共建"一带一路"倡议践行绿色发展理念，倡导绿色、低碳、循环、可持续的生产生活方式，致力于加强生态环保合作，防范生态环境风险，增进沿线各国政府、企业和公众的绿色共识及相互理解与支持，

---

① 《习近平：大国意味着更大责任，而非更大垄断》，http://world.people.com.cn/n/2015/0328/c157278 - 26764197.html。

共同实现2030年可持续发展目标。沿线各国需坚持环境友好，努力将生态文明和绿色发展理念全面融入经贸合作，形成生态环保与经贸合作相辅相成的良好绿色发展格局。各国需不断开拓生产发展、生活富裕、生态良好的文明发展道路。开展节能减排合作，共同应对气候变化。制定落实生态环保合作支持政策，加强生态系统保护和修复。探索发展绿色金融，将环境保护、生态治理有机融入现代金融体系。

中国愿与阿尔及利亚开展生态环境保护合作，正在致力于与之签署建设绿色丝绸之路的合作文件，建设"一带一路"可持续城市联盟，建设一批绿色产业合作示范基地、绿色技术交流与转移基地、技术示范推广基地、科技园区等绿色产业合作平台，打造"一带一路"绿色供应链平台，开展国家公园建设合作交流，保护好我们共同拥有的家园。

2019年3月7—10日，阿尔及利亚第二届国际环境和可再生能源展在首都阿尔及尔成功举办，中国能源建设集团有限公司（以下简称"中国能建"）作为主宾国代表企业受邀参展。此展充分展示了阿尔及利亚在可再生能源领域先进的技术水平和丰富的业绩，提高了在北非地区新能源领域的影响力。阿尔及利亚环境和可再生能源部长泽鲁瓦蒂高度赞赏中国能建在全球基础设施领域的贡献，衷心欢迎中国能建参与到阿尔及利亚新能源建设的领域中来。中国能建展台吸引了当地众多参会者的驻足，其中不乏阿尔及利亚国家石油公司、国家电力公司等重要客户，更有当地大型用电企业、新能源厂商、设计咨询公司和外资企业寻求合作。中国能建受到阿尔及利亚国家电视台和多家主流新闻媒体的采访和关注，极大地提高了中国新能源企业在当地的品牌影响力。

4. 开放发展

开放带来进步，封闭导致落后。对一个国家而言，开放如同破茧成蝶，虽会经历一时阵痛，但将换来新生。共建"一带一路"以开放为导向，努力解决经济增长和平衡发展问题。共建"一带一路"坚持普惠共赢，打造开放型合作平台，推动形成开放型世界经济。共建"一带一路"是和平发展、经济合作倡议，不是搞地缘政治联盟或军事同盟；是开放包容、共同发展进程，不是要关起门来搞小圈子或者"中国俱乐部"；不以意识形态划界，不搞零和游戏。不管处于何种政治体制、地域环境、发展阶段、文化背景，都可以加入"一带一路"朋友圈，共商共建共享，实现合作共赢。中国支持、维护和加强基于规则的、开放、透明、包容、非歧视的多边贸易体制，促进贸易投资自由化便利化，与沿线国家共建高标准自由贸易区，推动经济全球化健康发展。同时，共建"一带一路"也着力解决发展失衡、治理困境、数字鸿沟、分配差距等问题，让世界各国的发展机会更加均等，让发展成果由各国人民共享。

中国与阿尔及利亚相距遥远，政治体制、地域环境、发展阶段、文化背景等方面都存在较大差异。然而，两国间的友好合作关系长期存续，不断发展，堪称南南合作的典范。这得益于两国领导人开放的眼光和胸怀，两国间的合作跨越意识形态鸿沟，且以互利共赢为目标。不仅如此，中国与阿尔及利亚的合作也为两国所在地区间的合作打通了路径和搭建起平台。开放的胸怀必将带来更加广阔的合作成果和发展空间。在共建"一带一路"过程中，中国开放的大门只会越开越大，中国愿为世界各国带来共同发展新机遇，与各国积极发展符合自身国情的开放型经济，共同携手向着构建人类命运共同体的目标不断迈进。

5. 共享发展

早在 2011 年中国政府发布的《中国的和平发展》白皮书中，就已经正式提出，要以"命运共同体"的新视角，寻求、确定人类共同利益和共同价值的新内涵。2012 年 12 月，习近平同志在就任总书记后首次会见外国人士时指出，当今国际社会日益成为一个"你中有我""我中有你"的"命运共同体",面对世界经济的复杂形势和全球性问题,任何国家都不可能独善其身。2015年3月28日,习近平主席出席博鳌亚洲论坛,在大会所作的主旨演讲《亚洲新未来:迈向命运共同体》中,第一次系统、全面、深刻地阐释了"迈向命运共同体"的基本内涵。2017年,习近平主席在联合国日内瓦总部出席"共商共筑人类命运共同体"高级别会议时,又一次向全世界昭告中国主张:"中国愿同广大成员国、国际组织和机构一道,共同推进构建人类命运共同体的伟大进程。"中国政府关于"命运共同体"的努力,得到国际社会的一致理解、认同和最大化共识。在此后召开的联合国社会发展委员会第55届会议期间,"构建人类命运共同体"被写入会议决议中。

从世界范围看,人口快速增长、贫困、全球气候变暖、地区性生态环境污染以及重要战略性资源、能源的供需失衡等问题长期困扰着国际社会,而且有愈演愈烈之势。金融危机过后的9年以来,由于发达国家普遍的紧缩政策以及孤立主义和保护主义,世界经济处于模式转型和结构重塑期。全球经济长期低迷、增长动能不足、经济治理滞后和发展失衡以及南北差距不断拉大等,成为世界性发展难题和经济社会发展困境。面对如此严峻情势,需要秉持"全球一家"的人类共同福祉的公共价值理念，吁求国际社会深刻审视以往旧的生存哲学理念与发展实践模式，从根本上创新发展理念，转变发展方式，实现文明演进新阶段的共生、共享、共荣的新格局。将"共享发展"理念作为引领、指导包括中国社会在内的全球经济、社会以及文化发展的长远的、战略性的理念选择和实践方略，是中国政府、中国社会、中国领导人的远见卓识。"共享发展"是打造"人类命运共同体"的必经之路，二者高度契合，内在相通，有机相融。

就内涵而言，中国政府和中国社会所倡导和力主的"共享发展"，至少包含以下四个方面的科学内涵。第一，共享是全民共享，共享发展是人人享有、各得其所，不是少数人共享、一部分人共享。第二，共享是全面共享，共享发展就要共享国家经济、政治、文化、社会、生态各方面建设成果，全面保障人民在各方面的合法权益。第三，共享是共建共享，共建才能共享，共建的过程也是共享的过程，充分发扬民主，广泛汇聚民智，最大激发民力，形成人人参与、人人尽力、人人都有成就感的生动局面。第四，共享是渐进共享，共享发展必将有一个从低级到高级、从不均衡到均衡的过程，即使达到很高的水平也会有差别。

中国与阿尔及利亚的友好合作全面体现出上述四方面内涵。首先，两国间友好合作的受益者是两国的全体国民。中国企业在阿尔及利亚的建设成果中最显著的都是基础设施、公用建筑、民用住房等民生项目。中国企业的建设成果曾经受住了阿尔及利亚强烈地震的考验。中国向阿尔及利亚派遣医疗队已坚持56年。其次，两国间的友好合作成果涉及经济、政治、文化、教育、科技、医疗、卫生等诸多领域，提高了阿尔及利亚民众在多方面的生活水平。再次，两国的共享是通过两国人民的共建来实现的。在阿中国企业都雇用一定数量的当地雇员，两国雇员在相互合作中增进了解，深入融合。此举既为阿尔及利亚解决了就业问题，也为其培养多领域的人才，还以实际行动促进了民心相通。最后，中阿友好合作自开启至今呈现从少到多，从低级到高级，由浅入深，从有限领域向更多领域的渐进式发展，通过不断的探索和磨合使双方合作日臻完善。

综上，新发展理念对于中国对外关系的实践具有重大的指导意义。首先，新发展理念的实践性。新发展理念来源于实践。"创新、协调、绿色、开放、共享的发展理念不是凭空得来的，而是在深刻总结国内外发展经验教训、分析国内外发展大势的基础上形成的，也是针对我国发展中的突出矛盾和问题提出来的，集中反映了我们党对我国发展规律的新认识。"[①] 其次，

[①] 中共中央宣传部：《习近平总书记系列重要讲话读本（2016年版）》，学习出版社、人民出版社2016年版。

新发展理念的人民性。新发展理念是发展为了人民、发展依靠人民、发展成果由人民共享的理念。新发展理念体现了逐步实现共同富裕的目标要求。新发展理念体现的是马克思主义的价值理念，它是人民共享理念的生动诠释。再次，新发展理念的发展性。新发展理念本身是发展的。作为对发展实践的科学总结，发展理念本身必然会随着实践的发展而发展。实践提出的新课题、新要求、新变化，必然要求"理念"给予解答，进而对"理念"进行检验、修正与完善。坚持解放思想、实事求是、与时俱进，在实践基础上进行理念创新与制度创新，不仅科学地说明了理念对于实践的依赖性，更说明了实践对于理念的推动性。又次，新发展理念的整体性。无论从内容还是从过程来看，新发展理念都是一个整体。从内容上看，新发展理念是包括创新、协调、绿色、开放、共享五个方面相互联系的整体，其中任何一个部分都不能脱离其他部分而独立存在。从过程来看，新发展理念的形成过程和发展过程是一个整体。五大发展理念的理论逻辑源于历史的逻辑，五大理念是在面临全面建成小康社会决胜阶段复杂的国内外形势，面对当前经济社会发展新趋势、新机遇和新挑战的背景下产生的，是整体形成的。最后，新发展理念的历史性。新发展理念是在历史发展的过程中才得以总结和升华的，因而它是历史的，也是具体的。这也决定了，发展理念在不同国家和不同地区，在不同历史时期和历史阶段，都有其特殊性。一般而言，发展理念与经济发展水平是相适应的，经济发达国家的发展理念往往要比经济欠发达国家的发展理念先进。在同一国家，经济发达地区的发展理念往往比经济欠发达地区的理念先进。但是，这种趋势也不是绝对的。新发展理念作为中国全面建成小康社会进程中产生的发展理念，它源于中国，也属于世界，具有创新性和先进性。全球治理的核心是发展问题，关键在于先进理念的引领。新发展理念中的五大发展理念将有利于引领全球治理的良性发展。

（二）以新安全观推进中阿安全环境建设

当前，中阿两国都面临多种安全问题，体现在全球、地区和国家三个层面。且传统安全与非传统安全相互触发，交织并发。面对日趋复杂和恶化的安全局势，中国政府与时俱进，根据21世纪以来的现实情况变化，提出"新安全观"。此后历任领导人根据世界局势和中国现实国情的变化对此进行充实和发展。

1. 中国与阿尔及利亚仍处于复杂的安全环境

从国际层面看，全球安全问题仍然复杂，且不同国家和地区间的相互影响、相互依存程度越来越高。西方的新干涉主义对一些亚洲和非洲国家造成了严重危害，恐怖主义泛滥，难民问题凸显，安全问题逐渐外溢，危及相关国家内部、周边地区乃至全球的安全和稳定。中国和阿尔及利亚都承受着"伊斯兰国"极端组织、"基地"组织马格里布分支等恐怖极端组织的安全威胁。从地区层面看，自2010年末西亚北非多国发生局势动荡后，政治伊斯兰势力崛起，教派冲突严重化，对域内国家的政治秩序构成了严重冲击和挑战，引发了地区秩序的新一轮重塑。在此过程中，恐怖主义势力坐大，并由"点"及"面"扩散到整个地区，致使亚、非、欧等多个地区整体上的不安全状态日益突出。从国家层面看，2019年，阿尔及利亚发生政治变局，尚未恢复稳定，未来恐将催生一些安全问题。中国的安全和稳定也仍然受到多种境内外势力的挑战，始终是党、政府和人民群众的重大关切。

整体看，冷战后传统安全威胁逐渐下降，非传统安全问题则有所抬头。然而，中东地区的情况是：传统安全威胁并未减弱，非传统安全威胁又节节攀升；传统安全和非传统安全问题相互激荡，非传统安全问题常常转化为传统安全问题。以战争和武装冲突为主要形式的传统安全威胁从未间断。利比亚战争、叙利亚战争、也门战争和巴以冲突接连爆发，阿尔及利亚的邻国利比亚仍处在战火之中。与此同时，非传统安全问题在中东地区异常尖锐、复杂。其中最突出的问题就是恐怖组织势力坐大，成为最大的安全威胁。中东地区既是恐怖主义的滋生地，更是恐怖主义的重灾区。以"基地"组织和"伊斯兰国"为典型代表的恐怖组织都对阿尔及利亚及周边地区的安全构成威胁。上述恐怖组织在亚洲的分支也对中国的安全构成严重威胁。

此外，中国与阿尔及利亚也面临着多种安全问题的多种挑战，如，腐败多发、法治欠彰，考问着政治安全；增速换挡、转型升级，考验着经济安全；雾霾不散、污染严重，考量着生态安全；地缘纷争、强权作梗，威胁着国土安全；国际窃听、网络泄密，挑战着网络安全……正如习近平总书记所言："当前我国国家安全内涵和外延比历史上任何时候都要丰富，时空领域比历史上任何时候都要宽广，内外因素比历史上任何时候都要复杂。"[1]

2. 新安全观的提出和内涵

2002年7月31日，参加东盟地区论坛外长会议的中国代表团向大会提交了《中方关于新安全观的立场

---

[1]《习近平主持中央国安委首次会议强调：建集中统一高效权威国安体制》，载《人民日报》（海外版）2014年4月16日第1版。

文件》，对中国在新形势下的新安全观进行了全面系统地阐述。根据该文件，中国新安全观的核心内容是：互信、互利、平等、协作。新安全观的实质是"超越单方面安全范畴，以互利合作寻求共同安全"。[①] 中国新安全观之"新"，首先在于超越冷战思维，摒弃以对抗求安全的思想。中国主张在互利、互信的基础上，建立超越意识形态和社会制度的合作关系，以合作的方式谋求共同利益和解决冲突。这种新观念的提出，是适应国际形势发展和变化的产物。

新时代、新形势不仅呼唤新的发展观、改革观，还需要新的安全观。习近平总书记审时度势，高屋建瓴，适时提出要"坚持总体国家安全观，走出一条有中国特色的安全道路"。所谓国家总体安全，就是把国家安全视为一个复杂的体系。必须既重视外部安全，又重视内部安全；既重视国土安全，又重视国民安全；既重视传统安全，又重视非传统安全。它是集政治安全、国土安全、军事安全、经济安全、文化安全、社会安全、科技安全、信息安全、生态安全、资源安全、核安全等于一体的国家安全体系。在总体安全体系中，每一个领域的安全虽然各有侧重点，但都必然和必须

[①] 《中国关于新安全观的立场文件》，https://www.fmprc.gov.cn/web/ziliao_674904/tytj_674911/zcwj_674915/t4549.shtml，2002年7月31日。

与其他领域的安全密切相关相联，互不可分。任何时候都不能孤立、片面地理解国家安全的问题。总体安全是一种综合安全，要求在考虑政治经济安全的同时，还要考虑军事、文化、国民、资源等方面的相关联的问题。

3. 以"新安全观"推进两国的安全建设

习近平总书记的"总体国家安全观"是在继承和发扬我们党和国家历届领导人有关国家安全思想的基础上，结合当前国内外安全形势的总体特点，创造性地提出的富有中国特色的国家安全价值观念、工作思路与机制路径。据此，可从以下四个方面推进两国的安全建设。

（1）内外兼顾，以内保外

马克思主义唯物辩证法基本原理告诉我们，事物变化是由内外因共同作用的结果。其中，内因是基础，外因是条件，外因通过内因而起作用。习近平总书记提出的"总体国家安全观"在国安机制布局重点的拿捏上，也充分贯彻了这个基本原理。他把国内安全机制的设置放在首位，以国内安全稳定为本，先内后外，内外互补的战略思路十分明确。他在首次中央国家安全委员会会议上指出，贯彻落实总体国家安全观，必须既重视外部安全，又重视内部安全，对内求发展、求变革、求稳定、建设平安中国，对外求和平、求合作、求共赢、建设和谐世界。外部和平安全了，国家才能更好发展，国家发展好了，国际安全与和平的基础才更稳固。事实上，中国与阿尔及利亚长期以来都十分重视内部安全建设，且收效明显。两国长期保持稳定，军队和警察力量强大，在反恐方面常抓不懈，在复杂的安全挑战面前都较好地保持了国土安全。

(2) 包容共赢，命运共同

习近平总书记曾说："一个国家要谋求自身发展，必须也让别人发展；要谋求自身安全，必须也让别人安全；要谋求自身过得好，必须也让别人过得好。"[①] 中国对国际社会的这种建设性的态度和立场，不仅出于对自身力量特点的清醒认识，还在于对全球化时代国家安全利益及其实现方式的深刻理解。以此"三要三让"立论为核心，强调包容共赢、命运共同的中国特色国家安全观正在构建成型之中。中国领导人深信，唯有开放、包容、共享、多赢，尊重各地区和各国人民的愿望和选择，中国人才能在世界上得到各国人民发自内心的尊重，中国的全球影响力和领导力才能得到确立。除了以身作则外，中国也正在认真地推动各

---

① 《安不忘危 本固邦宁 习近平总体安全观筑牢国家安全防线》，http://news.cnr.cn/native/gd/20170415/t20170415_523709129.shtml，2017年4月15日。

大国客观理性看待彼此战略意图,尊重各自利益关切,加强协调合作,着力构建面向21世纪的新型大国关系。这也体现了包容共赢、命运共同的中国国家安全理念。在这一点上,中国与阿尔及利亚的想法和做法不谋而合。两国都在自身长期保持稳定的前提下,积极致力于对周边的乱局国家施以援手,劝和促谈,以命运共同体的观念谋求共同发展。

(3) **经济优先,核心不变**

经济基础决定上层建筑,没有经济的发展,就没有政局的稳定和社会的安全。中国与阿尔及利亚长期保持友好合作关系,双方的互利合作促进两国经济的发展,从而有助于维护安全和稳定。未来,经济仍将作为两国合作的重点领域,在两国关系中占据核心地位。以经济发展维护稳定和安全将是两国各自发展的思路,也是双边关系发展的路径。

(4) **义利并举,有所作为**

中国的儒家思想强调重义轻利,义大于利,而西方现实主义思想则强调利益优先,利大于义。习近平总书记提出的总体国家安全观则吸收借鉴了这两种价值观,形成了中国特色的"义利观"——义利并举、有所作为,既坚持道义原则,又要以国家利益为重。中国与阿尔及利亚的合作就是践行"义利观"的成功案例。双方合作起源于中国对阿尔及利亚援助,此后双方开始互利合作。近年来，中国遵循"授人以鱼不如授人以渔"原则，加大对阿方各领域的人才培训和能力培养，以提高其自主发展能力。中国与阿尔及利亚的友好合作真正做到了义利并举，有所作为，成为发展中国家间合作的典范。

（三）中阿合作中共同防范的风险和应对方略

当前，阿尔及利亚正处于政治过渡阶段，未来走向仍充满不确定性。鉴于此，中国与阿尔及利亚的合作也面临多方面的风险。首当其冲的是政治风险；其次是由此带来的政策不稳定；此外阿尔及利亚在经济合作、对外贸易、吸引投资等方面长期存在政策限制。中国企业在阿尔及利亚投资兴业和开展合作时应科学预判，谨慎应对，以防造成严重损失。

1. 政治风险

阿尔及利亚自2019年2月发生抗议示威游行，后发展为政治危机，至今仍在持续。抗议民众与阿现政权之间的矛盾仍然难以调和。一方面，抗议民众表示将继续游行抗议，要求包括萨利赫将军、本·萨利赫临时总统等现政权高层统治者全部下台，由他们推举的人士接管政权，彻底改变阿尔及利亚政治统治。另一方面，阿尔及利亚现政权的势力根深蒂固，难以彻底改变。且现政权内部各派势力间也存在错综复杂的矛盾关系，难以调和。此外，也是问题的难点和关键点，无论现政权内外，难有一个人物或一股力量能够服众，担起领导阿尔及利亚未来政治进程的大任。因此，阿尔及利亚政治危机将持续发酵，其政治过渡难以在短时间内完成，会否发生暴力冲突尚难判定。

阿尔及利亚政治危机，以及未来将发生的政局变动都将为中国与之继续开展友好合作带来一定的风险。首先，阿尔及利亚政局变化将带来国内局势和多方面政策的不稳定，恐将影响中国与阿尔及利亚现有合作项目的顺利推进，甚至将对两国关系的发展造成影响。其次，未来一段时间内，阿尔及利亚各派政治势力将忙于党争，恐会暂时忽略其国内的经济发展问题，将使得阿尔及利亚本已危机重重的经济局势进一步恶化。现政权既定的发展规划也将暂时搁置，甚至被彻底推翻。这必将对中国与阿尔及利亚深入开展"一带一路"建设造成严重的障碍。再次，阿尔及利亚政治危机一旦升级为暴力冲突将对中国在阿尔及利亚人员及财产安全构成威胁。此外，阿尔及利亚境内大面积的沙漠区域本就是"基地"组织、"伊斯兰国"极端组织的潜伏地。利比亚战后多年乱局致使阿利两国边界区域成为恐怖分子流窜的要道。阿尔及利亚政治危机将恶化阿境内及周边地区的安全环境。

对此，中方应密切关注阿政治危机走势，并做出应对预案。待阿尔及利亚局势稳定后，尽快与新政府接洽，进一步推进双边在"一带一路"框架下的合作。现阶段，中方应做到如下方面：①密切关注阿方局势发展。争取与其主要党派和民众团体保持接触。在其选举后，与新当选领导人及时建立联系，了解其内外政策取向，并据此制定出中方应对方略。②切莫介入阿内部冲突。阿尔及利亚在独立前曾经历百余年的殖民统治，百余万人死于其争取民族独立和解放战争期间。阿尔及利亚独立后始终奉行独立、自主、不结盟的对外政策，对外来干涉深恶痛绝。2019年3月，阿尔及利亚副总理兼外长访问意大利、俄罗斯和德国三国，民众强烈反对其希望争取外部支持的做法，表示拒绝一切外来干涉。因此，中方应支持阿内部通过对话解决冲突，与其地区邻国、阿盟、欧盟等国际组织保持交流和沟通，切忌介入矛盾冲突。③加强对在阿尔及利亚华人的安全管理。中国驻阿尔及利亚大使馆应及时向在阿尔及利亚华人通报阿局势发展情况，告知他们加强安全防范的具体做法和注意事项。如，不得参与阿尔及利亚民众的示威活动，减少不必要的外出，避免在敏感区域逗留等。④做好应对冲突升级的预案。阿尔及利亚现政权与抗议民众间的矛盾仍持续难解，尚不能排除未来冲突升级的可能性。中国在阿尔及利亚有大量的人员与财产，应做好应急预案，在必要时安全撤回侨民，妥善安置大量的材料、设备等资产。

2. 经贸合作风险

中阿两国的经济结构不同，贸易长期不平衡，中国处于贸易顺差。目前，阿尔及利亚逐渐开始限制进口商品的数量和种类，可能会对两国的贸易合作带来一定影响。一直以来，阿尔及利亚在对外经贸往来方面有多方面严格的规定，中国企业与之交往应了解并遵守相关规定，并对可能出现的风险制定防范措施。阿尔及利亚的相关规定及中方应采取的防范措施主要有如下方面。

（1）税法严苛。所得税税前费用抵扣定性随意，通过税务纠纷进行罚款，作为国家创收手段。阿尔及利亚税务监管很严，审计人员权力很大。他们一旦认定企业的收入和成本不符合会计准则或税收法规，马上开出巨额罚单，企业需要自证清白，进入漫长的"讨价还价"阶段。阿尔及利亚税务部门与海关密切配合，往往通过海关之间的国际联系，收集货物的价格信息后对进口的设备物资价值进行核定。中资企业发生的税务纠纷绝大多数是由关联交易之间的转移定价引起的，需要高度关注。

对此，中国在阿尔及利亚投资经营的企业和管理人员，特别是核心管理层一定要树立税务遵从意识。首先，对阿尔及利亚投资环境，如政治经济形势、会计准则、税收政策、法律法规等深入调研。其次，企业纳税筹划和税务申报，应有可靠外账作支撑，外账核算应健全、规范，严格按照会计准则确定的原则和方法，按要求进行税务申报并及时、足额缴纳应纳税额，设备物资转移定价时保证文档流、资金流、物流一致，经得起第三方审计和税务检查。再次，规避风险，人才是关键，聘请当地会计师进行会计核算，选择强有力的外部审计进行日常业务的监督与指导。最后，遇到问题及时通过书面文件向税务局进行申诉，畅通沟通渠道，争取在问题发生前解决。如果通过税务协调难以解决，企业可以在法院以诉讼方式寻求解决。对于税务机关提起的税务诉讼，企业应当积极应对，努力将诉讼影响和损失降到最低。

（2）设备进出口困难，海关纠纷多，处罚严。阿尔及利亚海关系统官僚色彩浓重，办事效率较低，腐败现象时有发生，导致进口物资清关速度慢、周期长，中资企业不能及时获得项目运作所需的设备物资。企业经常为申请临时进口设备延期、办理转运许可的事情费尽周折，地方海关，特别是偏远地区的海关办事拖沓，甚至无故刁难。部分海关以设备非法转运为由，不断制造新的法律纠纷，扣押设备，开出巨额罚单。企业为解决设备纠纷，聘请案件代理、顾问和律师，多方联系公关，费时费力费钱，往往最终因不堪承受烦琐漫长的司法程序而不得不选择缴纳巨额罚款进行和解。

阿尔及利亚政府赋予海关的权力很大，设备转运必须在海关极为严格和烦琐的监管下运行，不同区域由不同海关机构分管，甚至沙漠腹地也有海关办事机构。进出口设备操作程序复杂、期限很长。阿尔及利亚采用欧洲国家的法律体系，各种行政程序十分烦琐，造成阿尔及利亚临时进口制度极为复杂，办理起来非常困难。阿尔及利亚海关有很多政策模糊不清，海关官员之间对海关法律政策的解读偏差较大。同时，由于阿拉伯人性格中的崇尚自由，加上法国式民主的平衡牵制，使各类问题的解决非常困难。中国企业在阿尔及利亚收到海关罚款，也有一些自身原因，如进入之初对阿尔及利亚海关政策理解不够透彻，风险意识不强，发现问题没有及时处理。同时，进入阿尔及利亚市场之初，清关人员未能深入研究海关政策和法律法规，没有与海关建立良好的关系。

对此，首先，要加强前期调研，摸清设备物资进出口流程和海关法规，寻找当地有实力的专业清关公司作合作伙伴。理顺整个进出口流程，执行过程中注意细节。其次，与海关搞好关系，树立遵纪守法的良好形象。了解阿尔及利亚人的思维方式，任何已公布的意见再修改将非常困难，所以在遇到进出口问题时，要把问题争取在海关立案调查或提起诉讼前解决，避免在案件处罚决定做出后再想办法，加大解决难度。再次，工作中加强横向沟通，多与中资企业商会、行业协会、同行业单位商讨遇到的问题，集思广益，对有共性的问题统一申诉，以达到最佳效果。

（3）外汇管制极为严格，外汇资金转移极为困难。阿尔及利亚外汇管制极为严格，对外汇的支付和转移设置了诸多限制。投资者向阿境外支付设备物资款或汇出利润时需要税务局、海关和央行等一套严格、烦琐、漫长的审批程序，加重了资金负担。阿尔及利亚银行系统落后，工效较低，加大了经营风险。临时进口设备虽不需要缴纳增值税与关税，但需提交一定金额的银行保函，而设备返运程序和申请在阿报废手续极为繁杂，海关的低效率也导致保函长期扣押、保证金不能返还的情形时有发生。大部分项目都需要提供投标保函、履约保函、母公司保函，释放速度慢，长此下去，各类保函数量多、金额高，开立、延期和释放的难度极大。

对此，首先，可要求客户将工程款直接汇入境外指定账户，以规避外汇管制。其次，加大当地设备物资采购比例，提高物资采办和雇员本土化率。要求业主支付预付款，采取设备物资转移定价等手段将多余款项汇出境外。再次，加大应收款的催收，提高资金周转效率，降低资金沉淀成本。最后，派专人负责保函办理，加强与银行、海关和业主的沟通与联系，及时释放到期保函。

中国企业在阿尔及利亚经商，必须熟悉并适应当地的贸易环境，应注意以下几点：①签订正规合同。中国企业与阿尔及利亚企业进行贸易往来时，要提高风险防范意识，与客户签订正规合法的商业合同，确定法律合同关系，明确双方责任和义务。一旦出现经济纠纷，企业可通过法律途径进行维权。②确定支付方式。阿尔及利亚国际贸易支付方式规定为信用证（L/C）或付款交单（D/P）两种方式。建议中国企业在与阿尔及利亚企业贸易往来前充分了解对方企业和相关银行的资信，优先考虑信用证方式，减少收款风险。③遵守海关规定。中国企业应提前了解海关规定，提供海关所需文件。出口产品应符合当地规定，尤其不能出口当地宗教忌讳的产品。此外，根据阿海关政策的相关规定：货物到港两个月无人提货的情况下，海关将对该货物进行拍卖，拍卖收入归国家所有；货物回运、转运或转卖需获得原收货商出具拒收证明。

为防止个别阿方企业利用该政策进行诈骗，需充分了解该企业的资信。④保证商品质量。我国企业应注意商品质量，避免出口价格过于低廉和质量不佳的产品。⑤遵守进口限制。自2014年油价下跌以来，为减少外汇支出，缓解财政压力，阿尔及利亚严控进口规模，限制诸多类商品进口。中国出口企业应在开展业务前通过阿贸易部等政府部门或进口商了解相关限制规定。

3. 承包工程风险

在建筑领域，中国标准在阿尔及利亚尚不适用，当地普遍采取欧美标准。中国建筑企业在与阿尔及利亚企业合作时，须牢记并严格遵守此原则。阿尔及利亚正在经历政治变局，恐将带来各领域政策和人事的变动。这成为中国企业与阿方在承包工程领域合作的最大风险。中国企业应以遵纪守法、高质高效的一贯作风应对任何可能面对的挑战。

中国企业在阿开展承包工程合作应注意如下方面：①信守合同。企业应始终贯彻守约、保质、按期、重义的经营方针，工程质量和按期完工对企业的信誉至关重要。②当地雇工。阿尔及利亚失业率高，尤其是年轻人失业问题严重。中国企业应尽量多雇用当地员工，阿中员工比例最好在5∶1以上。③资金周转。阿尔及利亚工程项目多，合同和工程量清单等相关手续的审批时间较长（通常在6个月以上），且国家财政资金紧张导致付款较慢，因此在阿尔及利亚承揽工程项目须有资金周转保障。④中方员工手续。劳务人员抵阿后，应尽快办理居住证和工作证。工人更换工地或工作城市须办理相关手续。⑤安全防范。安全事故（特别是高空坠落）发生率呈上升趋势，企业应加强工地安全管理，做好安全防范，切勿存在侥幸心理。⑥其他方面。严禁在工程机械、设备及材料中夹带生活用品及酒类和在人员行李中夹带零配件。

4. 劳务风险

目前有近10万中国人在阿尔及利亚的不同领域工作，其中多在住房和基础设施建设领域。在这些人中，大致可分为被中方企业雇用的在阿尔及利亚长时间工作的体力劳动者，中国企业临时派遣的办事人员，在阿尔及利亚私营企业主，在阿尔及利亚经营商店、餐馆老板以及这些人的随同亲属，其中第一类人群数量最多。劳务输出大省（市）主要为江苏、浙江、重庆等地。中阿劳务合作已有数十年的历程，但是相关风险依然存在。

从劳务层面看，首先，中资企业吸纳当地就业方面的不力造成了阿尔及利亚民众的反感，甚至曾不止一次地出现了打砸抢事件。其次，阿尔及利亚劳务政策严格保守，企业在阿尔及利亚劳动市场无法满足的工作岗位才可向阿尔及利亚当局申请引进国内劳动者，并需依法取得阿尔及利亚劳动管理部门颁发的劳动许可。所需手续和程序极其复杂烦琐。再次，阿尔及利亚劳动力市场在近几年内又出现了来自孟加拉、越南等国更加低廉的劳动力，挤压中国劳动力在阿就业。

从企业层面看，首先，中国企业对阿尔及利亚法律法规、风俗习惯了解不深刻，劳务管理人员业务不精，且没有足额配备完全熟知《阿尔及利亚劳动法》的法律专项人员。这一问题是众多中资企业面临的困境，在对当地雇员的管理和处理劳务纠纷时易处于被动境地。其次，当地劳动部门偏袒阿尔及利亚籍劳务工人的现象普遍存在。一方面，当地工人对劳动法了解比较深透，维权意识比较强，稍有问题就产生不满情绪，甚至罢工，并向劳监局举报申诉。另一方面，当出现劳务纠纷时，当地雇员往往会动用当地业主向企业施压。当地劳动部门在处理劳资纠纷案件中，往往明显偏袒当地员工。此外，当地技术人员缺乏，用工属地化困难。阿尔及利亚国内工程技术和管理人员供给数量少，为了按时保质地完成项目，中资企业不得不从国内引进技术和管理人员。由于对当地的文化、宗教习俗、人文思想、社会发展等方面的了解还不够深入，中资企业还不敢大胆聘用当地人管理公司，造成用工属地化的困难。

中国对外劳务合作面临前所未有的机遇，也面临全球政治经济变化的复杂挑战。应依托"一带一路"倡议，扩展对外劳务合作的广度和深度，继续发挥中国劳工劳动生产率高的传统优势，尽快弥补短板，提高综合竞争力，营造良好的对外劳务合作发展环境，推动中国对外劳务进入新发展阶段。

第一，推动中国对外劳务输出转型升级。依托"一带一路"倡议，将劳务和人才交流纳入整体框架中。在巩固传统优势市场基础上，推动对外劳务合作由低端劳动密集型人力输出向技能型、知识型中高端劳务输出转型。引导中国企业积极与欧美国家在海员、护士、厨师、中文教师、设计咨询师、计算机服务人员、空乘人员、酒店服务管理等高端劳务方面开展合作。将潜在劳务输出人员从农民工、普通工人为主逐步转向大中专毕业生、职业技术学校毕业生，多渠道开发、培育和储备中高端劳务资源，从人力资源结构调整着手，根本上改变中国对外劳务合作的区域结构、行业结构和层次机构。

第二，扩展对外劳务合作的广度和深度。根据国际劳工组织统计，目前世界各国外籍劳工达到8000多万人，欧美日等发达国家劳动力缺口仍然高达6000多万人，全球劳务合作市场需求潜力很大。努力提高属地化管理水平，通过与当地人力资源公司合作，招聘面试当地高级人事经理以及其他中层管理岗位人才，尝试首先从人事管理工作和其他中层管理岗位上提高属地化管理水平。合理雇用当地员工，密切与当地劳动力市场的联系，推动中资企业融入当地社会，彰显社会责任，为当地带来了大量就业，造就良好的社会和政府关系。

第三，弥补关键短板提高劳务人员综合竞争力。中国劳务人员技术熟练、勤奋刻苦、生产效率高的优势应该继续发挥，并通过传帮带的方式提高当地工人的相关水平。尽快弥补自身不足，尤其是加强语言培训，提高人文、宗教、历史等方面知识普及，促进与当地人和社会的融合。在加大对外投资和劳务输出的同时，重视中国传统文化和价值观的对外推介，如，在中国传统节日之际，邀请当地民众参加相关文化活动，与他们共享美食，共话友谊。

第四，注重预防潜在风险。"一带一路"沿线国家仍然有不少是经济社会比较落后的发展中国家，有些地方甚至是战火频仍。为了保障对外劳务输出人员和财产的安全，劳务输出企业需要与当地强力的安保公司深入合作，为劳务输出人员提供有力的保障。对外劳务输出企业也要高度重视经济风险，采取用美元、欧元等币值相对稳定的国际货币结算支付，以规避这些经济风险。

第五，加强政府对外劳务输出的管理和服务职能。首要解决问题就是变"多头化"的国际劳务输出管理体制为"集中化、单一化"，明确管理权限，统一制定劳务输出政策。借助"互联网＋"提升对外劳务合作服务平台，为对外投资企业和劳务人员提供信息匹配，依托平台开展咨询和培训服务。完善对外劳务合作管理制度，积极发挥行业协会和商会的功能，将传统外派劳务向国际劳务合作转变，培育有序竞争的对外劳务合作中介服务市场。相关部门加强沟通，妥善解决对外劳务人员的签证、劳动合同、社会保险等障碍。加强动态监测和研究，合作共建专门智库，针对热点问题提出应对策略。

对此，中方应关注：①派遣资格。应通过具有外派劳务经营资质的公司招聘劳务，签订符合劳动法的劳务合同并按时支付工资。②劳务培训。加强劳务人员出国前的培训和岗前培训，详细讲明国外工作条件、工作环境及工资待遇等情况；教育劳务人员遵守当地法律法规、尊重当地习俗。③现场管理。为劳务人员统一配发工作服及劳保用品，注意国家和企业形象。加强现场劳务人员的管理，妥善处理劳资纠纷，严格管理劳工指标，坚决杜绝串用和倒卖用人指标的现象。

5. 投资风险

阿尔及利亚对外来投资的相关规定：①当地控股。为防范外国公司的投机行为，该国政府于2009年出台规定，所有外国投资或合资项目中，阿方（可由多家企业组成）须至少占股51%。阿财政部长穆哈迈德·卢卡尔表示：根据《2020年财政法》草案，将废除非战略领域外国投资的"51/49规则"。该法案将同时定义继续适用"51/49规则"的领域。采取这一措施旨在改善阿商业环境和提高国民经济的吸引力。②土地可租不可买。关于投资用地，只能租用，不得购买。根据项目运行时间长短，租赁期限最长可达99年。③利润再投资。投资者须在停止享受优惠政策起4年内，将公司享受减免公司利润税（IBS）和职业活动税（TAP）所获得利润的30%用于再投资。如公司拒绝再投资，将无法继续享受税收优惠，还将受到其他的税收制裁。此外，利润汇出须征收15%利润汇出税。④联合投标。随着中国企业的大量进入，与当地企业间的沟通和合作也愈发重要。中阿企业联合投标已在一些项目中取得成功经验，充分利用当地企业熟悉市场、环境、政策的优势，结合中国企业自身优势，对于开拓市场是一个很好的尝试。

中资企业在阿尔及利亚开展投资合作，一是要了解相关领域法律法规，随时关注相关部门的法律政策，按照当地法律规定和办事流程开展业务，并学会利用法律维护自身合法权益。二是要做好风险评估，包括政治风险、安全风险、资金风险等，对于合作单位的资信能力、项目可能遇到的困难等要有充分了解，不要盲目开展合作。三是要加强管理，包括工程管理、人员管理、安全管理等，保证在阿工作的质量、效率和安全。四是要拓宽除建筑工程以外的业务领域，逐步加大对阿尔及利亚投资，探索属地化经营模式，不断根据市场变化和需求进行创新。

中国企业在阿尔及利亚开展投资等合作项目过程中，要特别注意事前调查、分析、评估相关风险，事中做好风险规避和管理工作，切实保障自身利益。其中包括：对项目或贸易客户及相关方的资信调查和评估，分析和规避项目所在地的政治风险和商业风险，分析项目实施的可行性等。建议企业积极利用保险、担保、银行等保险金融机构和其他专业风险管理机构的相关业务保障自身利益，尤其建议使用中国政策性保险机构——中国出口信用保险公司提供的包括政治风险、商业风险在内的信用风险保障产品，或中国进出口银行等政策性银行提供的商业担保服务。中国出口信用保险公司是由国家出资设立、支持中国对外经济贸易发展与合作、具有独立法人地位的国有政策性保险公司，是中国唯一承办政策性出口信用保险业务的金融机构。公司支持企业对外投资合作的保险产品包括短期出口信用保险、中长期出口信用保险、海外投资保险和融资担保等，对因投资所在国（地区）发生的国有化征收、汇兑限制、战争及政治暴乱、违约等政治风险造成的经济损失提供风险保障。如果在没有有效风险规避情况下发生了风险损失，也要根据损失情况尽快通过自身或相关手段追偿损失。通过信用保险机构承保的业务，则由信用保险机构定损核赔、补偿风险损失，相关机构协助信用保险机构追偿。

值得指出的是，阿尔及利亚仍在持续的政治变局将带来经济政策的变动。我国作为阿多领域的经济伙伴，应密切关注阿政策变动，以采取适当的应对措施。

6. 其他方面的注意事项

首先，应防范各种安全风险。阿尔及利亚东北部仍时有恐怖袭击事件发生，目前虽未有针对中国人的恐怖活动，但不排除以外国人或某些营利性项目为目标的恐怖活动。社会治安方面，阿尔及利亚的治安情况总体不错，但偷盗事件仍然时有发生，尤其多发于晚间。应注意切勿暴露大量现金，谨防小偷和抢劫。人员外出时保持警惕，尽量避免夜间单独外出，减少不必要的出行。在交通安全方面，阿尔及利亚路窄、车多、车速快，是交通事故高发国。出行应遵守交通法规，注意行车安全。在出入境安全方面，应遵守《海关法》，进口物资必须全部申报缴税；入关时个人携带的大量现金外汇须申报，以免发生出境被扣情况。

其次，应尊重当地民众的风俗习惯，注重保护生态环境。中国人在阿尔及利亚工作和生活须了解并尊重当地的文化和习俗。阿尔及利亚的主体人群为信仰伊斯兰教的穆斯林。中国人应对伊斯兰文化有基本了解，尊重穆斯林的生活习惯，尤其不要在斋月期间在穆斯林面前进食饮水，以免引起当地居民的不满。投资者在投资建设项目前，必须先进行环境评估，将评估报告及相关材料递交有关环保主管部门，得到批准后方可进行项目建设。所有涉及工艺流程变化、业务扩展、设备变化等因素的改变或有关设施地理位置的变更，都必须重新提交项目的环保许可申请。在生产和生活中，应严格遵守各项法律规定的环保标准。

再次，应主动承担必要的社会责任。企业应加大对当地管理人员、技术人员和普通技工的培训力度；加强技术转让；多聘用当地员工，帮助当地解决就业；增加对阿尔及利亚投资，尤其是参股形式的投资合作。长期以来，在阿尔及利亚中资企业积极参与该国政府为改善民生、促进当地经济发展而进行的重大建设项目，他们也在力所能及的范围内为当地民众做好事实事，提高当地员工就业技能和水平，通过"属地化"政策，使企业融入当地社会。如：中建阿尔及利亚分公司自1982年进入该国市场以来，已完成了一大批重点项目和民生工程。公司招募、培训和雇用当地员工，积极承担促进当地就业、提高当地员工技能水平的责任。目前，中建公司直接雇用的当地员工达5000余人。此外，中建还与该国近300家中小企业长期保持合作关系，直接或间接提供当地就业岗位1.5万余个。

此外，还应处理好与多方面的关系。

①与政府和议会保持良好的关系。中国企业在阿尔及利亚投资经营应与其中央政府主管部门和地方政府建立良好的关系，也要积极发展与议会的关系。要关心其政府的换届和议会选举，关心当地政府的最新经济政策走向。还应了解中央政府部门和地方政府的相关职责和权限范围，了解议会各专业委员会的职责和他们关注的焦点、热点问题。

②妥善处理与工会的关系。阿尔及利亚大型工会组织力量不强，但工会组织数量较多。阿尔及利亚劳动法规定，在同一公司工作的3人以上即可成立工会，如果工会对雇主不满可向当地劳动监察局反映，由劳动监察局对企业展开调查。处理好与当地劳工组织关系的关键是严格遵守阿劳动法。

③密切与当地居民的关系。对于近年中国人的大

量涌入，阿尔及利亚民众持不同看法：大部分人认为中国人勤劳，工作效率高，为阿尔及利亚经济社会发展做出了贡献。但也有一部分人认为中国人抢占了他们的就业机会，存在一些不满情绪。近年来针对中国人的攻击行为时有发生，如偷窃工地材料、抢劫中国人钱物等。因此，中国企业应更多雇用当地员工，加强当地员工培训，多做回馈当地社会的工作，进一步密切与当地居民的关系，赢得他们的信任。

④与媒体保持沟通。阿尔及利亚主流媒体对华友好，中国企业应学会主动与当地主流媒体沟通，定期向媒体发布相关信息。企业在重大并购，涉及社会敏感问题时，特别是遭遇不公正的舆论压力时，应注重宣传引导，做好预案，通过媒体与大众交流，引导媒体进行对本企业有利的宣传。中资企业可定期向媒体开放，欢迎媒体到企业参观采访，了解企业的真实发展情况，以使其对中国企业进行宣传和监督。对于媒体的负面不实报道，应及时与之沟通，提供证据正名，或请求中国使馆协助要求媒体澄清。

⑤与执法人员积极配合。中国公民应友善对待当地执法人员，积极配合执法人员的调查，如实说明情况。遇到不公正待遇时，应通过所在企业或中国使馆相关部门与阿方交涉，并通过法律途径维护自身合法权益。

7. 发生纠纷的解决方法

一般情况下，在阿尔及利亚投资合作发生纠纷，首先应尝试友好协商解决，各方加强沟通，共同寻找解决方案。如各方无法达成一致，可依据合同规定或在自愿的基础上，向第三方申请仲裁，如向当地法院申诉，通过法律途径解决纠纷。这种情况下，只能适用阿尔及利亚法律，主要有两方面原因：一是大部分合同均在阿尔及利亚签订和执行。二是在阿尔及利亚注册成立的公司必须遵守当地法律。阿尔及利亚法院分为三级，分别为地方法庭、上诉法院和最高法院。地方法庭分为民事法庭、经济法庭和社会法庭，分管不同性质案件。如对一级地方法庭判决不满，可向上诉法院提出申诉。最高法院负责对地方法庭和上诉法院的判决进行复核，如判决不符合相关法律，最高法院有权驳回判决。此外，阿尔及利亚与包括中国在内的 40 余个国家签署了双边合作协议。外国公司在阿发生商务纠纷时，可依据上述协议提交国际机构调解和仲裁。

中国企业在阿尔及利亚开展业务时，企业不仅要依法注册、依法经营，必要时还要通过法律手段解决纠纷，捍卫自身权益。由于法律体系和语言差异，中国企业应该聘请当地律师处理企业的法律事务，一旦涉及经济纠纷，可以借助律师的力量寻求法律途径解决，保护自身利益。中国企业和公民在遇到困难时也可以求助当地人员和相关部门，如，警察和法院。到阿尔及利亚投资或承揽工程项目的企业可以咨询阿相关政府部委、协会、商会，以及项目所在地政府部门。阿尔及利亚投资主管部门主要有：国家投资管理委员会、工业和投资促进部、国家投资发展局等。中国企业在进入阿市场前，应征求中国驻阿尔及利亚大使馆经济商务参赞处意见；投资注册后，按规定到经参处报到备案；日常情况下，保持与经参处的联络；遇有重大问题和事件发生，应及时向经参处报告。此外，中国企业和相关人员也应充分做好各种突发情况的应急预案，尤其是应对恐怖袭击、交通事故、施工事故、劳资纠纷等预案。出现重大问题应在第一时间报告中国驻阿大使馆和经参处，并迅速启动应急预案。企业遇到问题还可求助在阿中资企业协会。遇有紧急突发事件要以人为本，及时拨打救护电话，尽量避免人身伤亡。

结语　共建"一带一路"引领中阿关系迈上新阶段

习近平主席提出的"一带一路"倡议正在付诸实践，现已进入"工笔画"阶段。阿尔及利亚一直是中国长期、全面、优质的战略伙伴，近年来，在合作建设"一带一路"的框架下，两国在政治、经济、贸易、文化等领域的合作都取得了巨大的成功。两国合作的重点领域——基础设施建设领域稳步推进；双边贸易额不断攀升，在2018年已达91亿美元，其中，阿尔及利亚对中国的出口不断增长，已成为中国在非洲的第五大贸易伙伴。两国在文化和人文领域进行了重要的交流与合作，进一步增进了两国人民之间的友谊。中阿合作在中国的"一带一路"合作中发挥示范和引领作用。同时，两国关系也在共建"一带一路"的引领下迈上新阶段。

（一）中阿关系仍有巨大的发展潜力

从两国各自的情况看，阿尔及利亚拥有丰富的能源储量、多种矿产资源和大量高素质的劳动力资源。它位于重要的战略枢纽地位，联通欧非。它也具有较大的经济规模，坚实的经济基础和广泛而稳定的外交伙伴关系。2019年6月18日至23日，阿尔及尔国际博览会在阿尔及尔的会展中心举行，来自多国的参展商达成共识：阿尔及利亚是一个具有潜力和活力的市场。中国长期稳定，经济高速发展，社会安定团结，国际地位不断提升。近年间，中国多次主办大规模的国际会议及相关活动，与世界绝大多数国家都保持政治交往，加强经济、人文等多方面合作，显示出扩大开放、加强同其他国家的务实合作的方向和意愿。中国是当今世界促进经济增长的主要引擎。2008年以来，中国对世界经济增长的贡献率每年超过30%，超过所有发达国家总和。当前，中国致力于创新驱动与高质量发展，经济转型发展已取得巨大成功。这都是阿尔及利亚希望合作与借鉴的。

从双边关系看，两国间的合作一直秉持互利双赢原则。在政治领域，两国在国际事务中保持相互沟通和支持。在金融领域，两国政府间签订了一定数额的信贷协议，中国将加大在阿投资。在经贸领域，双方合作正在向信息通讯、汽车制造等高技术领域迈进。为两国人民提供更多更大的机遇。中国产业结构决定了其产品能够满足各个档次的需求，并确保产业的正常运转。如今，中国制造的产品质量逐渐成为优质产品的代名词，有越来越多的中国企业"走出去"，带动越来越多的中国品牌走入非洲，得到当地民众的认可。尤为值得一提的是，在全球经济持续低迷的大环境下，中阿贸易实现逆势增长。根据阿海关统计数字，今年上半年两国贸易额达52.19亿美元，中国自阿进口额同比增长36.42%，成为阿主要贸易伙伴中从阿进口增长最快的国家。

多年来，阿尔及利亚一直致力于推动经济多元发展，摆脱对能源收入的依赖。中阿产能合作必将使阿尔及利亚摆脱石油美元的困境，实现经济多元化的目标。阿尔及利亚长期依赖进口，未来两国可建立多领域的合资公司，自主制造出所需产品，从而摆脱对进口的严重依赖。从总体看，中国企业在阿尔及利亚的业务领域不断拓展，推动"中国标准"成功"走出去"，加深了该国政府和人民对"中国制造"的认识，并为中阿友谊桥梁添砖加瓦！

（二）两国都有继续深化发展关系的意愿

从阿尔及利亚方面看，阿尔及利亚第三大学教授、阿尔及利亚—中国友好协会会长伊斯梅尔·达贝什认为，在推动包括阿尔及利亚在内的非洲国家经济发展过程中，中国有着得天独厚的优势。[①] 第一，中国拥有雄厚的经济实力和丰富的发展经验。中国连续数十年保持经济高速增长，国际贸易量和对外投资额不断扩大，外汇储备长期处于高位，作为世界第二大经济体如今依旧保持强劲的增长动力。近年来中国在对非洲直接投资等方面已经走在了世界前列；中国在发展过程中积累的发展经验，对同为发展中国家的非洲国家具有更强的适用性和借鉴意义。第二，中国拥有分享科技发展成果的强烈意愿。中国注重与非洲国家进行产能合作，乐意向非洲国家分享业已成熟的生产制造技艺，为非洲国家发展民族工业增添动力。中国在向非洲学生提供奖学金、共同培养人才方面也充满诚意。第三，中国与非洲有着相同的历史遭遇，在许多重大国际问题上有着相同或相似的立场主张。中国与非洲国家在反对政治霸权和经济霸权方面的立场是一致的，共同的命运将中国和非洲人民天然地联系在一起，共同的历史遭遇和发展使命为非中友好提供了稳固的政治基础。自2000年中非合作论坛创建至今，中非贸易额增长了近20倍，中国对非投资增长

[①] 伊斯梅尔·达贝什：《为共创繁荣注入新动力》，《人民日报》2018年9月17日。

了100多倍。事实证明，中非合作有能力引领非洲走向繁荣。

阿尔及利亚中国友好协会副会长、经济学家贾迈勒·鲁阿纳在谈及中国与阿尔及利亚在"一带一路"倡议下的合作时，曾引用一句非洲的古话："年轻人走得快，但是比不上老人熟悉道路。"[①] 中国是一个历史悠久的文明古国，阿尔及利亚和其他非洲国家最适合的发展方式，莫过于借鉴中国所走过的道路。

从中国方面看，中国驻阿尔及利亚大使李连和在2019年6月17日接受阿主流法文媒体《独立青年报》采访时表示，中国和阿尔及利亚都是讲原则、重情义的国家。中阿建交60多年来，双方始终秉持相互尊重、互不干涉内政、平等互利、合作共赢的原则，开展了真诚而富有成效的合作，堪称中国与非洲以及中国与阿拉伯国家间友好互利合作的典范。2014年，中阿建立全面战略伙伴关系，标志着中阿关系进入了新的发展阶段。2018年9月中非合作论坛北京峰会期间，中阿签署了共建"一带一路"谅解备忘录，为两国合作提供了广阔空间和领域。近年来，中阿双方在共建"一带一路"框架内，在政治、经贸、文化等各领域开展了富有成效的合作。两国政治互信和相互协调不

---

① 贾迈勒·鲁阿纳：《中国制造即将成为优质产品的代名词》，http://politics.rmlt.com.cn/2016/1020/442762.shtml，2016年10月20日。

断加强。务实合作成果丰硕。双方在人文领域也有着良好的交流与合作，促进了两国人民间的友谊。

2019年10月1日，在庆祝新中国成立70周年之际，李连和大使在阿尔及利亚法文官方报纸《圣战者报》发表题为《70年伟大征程，61载携手同行》的署名文章。此文被阿文官报《人民报》《晚报》以及法文《马格里布报》、《独立青年报》等阿主流媒体同步全文转载。李大使在文中写道："作为中国驻阿尔及利亚大使，我深切体会到中阿关系的历史厚度、友好深度和合作广度，亲身见证了两国关系发展的蓬勃势头和重要成就，切实感受到了两国关系蕴藏的诸多发展优势和巨大发展潜能。站在新的历史起点上，中方将继续同阿方携手同行，加强彼此战略和行动对接，共同推进'一带一路'建设，进一步扩大和深化各领域友好互利合作，不断造福两国人民，推动两国全面战略伙伴关系迈上新台阶"。

（三）两国发展关系具有平台支撑

阿尔及利亚是非洲、阿拉伯世界、伊斯兰世界，以及地中海域的大国，在相关国际组织及其与中国的关系中都发挥重要作用。中国与这些国际组织间的合作机制也成为中阿发展关系的重要平台，中非合作论坛、中阿合作论坛的作用最为显著。

1. 中非合作论坛

为进一步加强中国与非洲国家在新形势下的友好合作，共同应对经济全球化挑战，谋求共同发展，在中非双方共同倡议下，中非合作论坛于2000年正式成立。该论坛包括中国和53个非洲国家，其宗旨是：平等磋商、增进了解、扩大共识、加强友谊、促进合作。该论坛自成立至今，定期举行首脑会议、部长级会议、协调人会议等多级别的会议和相关活动，既有首脑会晤，也有后续落实。该论坛自成立至今近20年来在促进中国与非洲加强关系和务实合作中都取得丰硕成果。阿尔及利亚作为论坛的非方成员国，既是该论坛的贡献者，也是受益者。阿方多次派遣高规格的代表团参加论坛的各项活动。时任总统布特弗利卡曾亲自出席在北京举行的第一届中非合作论坛部长级会议。此后历次各级别会议阿方也都派出较高级别的代表参会。

中非合作论坛自成立以来，每届峰会后都发表共同宣言及行动计划，前者具有高屋建瓴的指导性，后者则具务实的可行性。该论坛还于2006年和2015年发表了两份中国对非洲的政策文件，以此表达中国致力于发展对非友好合作关系的坚定决心和良好意愿，并全面阐述新形势下中国对非洲政策新理念、新主张、新举措，以指导今后一段时期中非各领域交流与合作。关于中非关系，中国将其界定于休戚相关的"命运共同体"。2018年北京峰会宣言的主题就是"合作共赢，携手构建更加紧密的中非命运共同体"。此次峰会同时发布了2019—2021年行动计划，以指导当前及未来两年内中非在政治、经济、社会发展、人文交流、和平安全等方面的具体合作。中非双方在合作论坛框架下先后提出"十大合作计划""八大行动"等具体合作内容，并将中非双方在未来数十年的发展战略——中国的"两个一百年"奋斗目标和非盟《2063年议程》对接。双方发展理念相通，发展战略契合，发展优势互补。双方将以共建"一带一路"为契机，加强全方位、宽领域、深层次合作，实现合作共赢、共同发展。

阿尔及利亚—中国友好协会会长达贝什认为，中非合作论坛北京峰会是非洲各国领导人同习近平主席共同交流的难得机会。中国近年来在经济发展和维护世界和平方面迈出重要步伐，习近平主席在2013年提出的"一带一路"倡议使中国成为推动其他国家经济发展的重要力量，中国的经济发展模式适合非洲，非洲也确实需要中国。

2. 中阿合作论坛

2004年1月30日，时任中国国家主席胡锦涛访问了设在埃及开罗的阿拉伯国家联盟（下称"阿盟"）总部，会见了时任阿盟秘书长阿姆鲁·马哈茂德·穆萨和22个阿盟成员国代表。会见结束后，李肇星外长与穆萨秘书长共同宣布成立"中国—阿拉伯国家合作论坛"，并发表了《关于成立"中国—阿拉伯国家合作论坛"的公报》。该论坛包括中国和阿盟22个成员国，宗旨为加强对话与合作、促进和平与发展。该论坛自成立至今已举行8届部长级会议、16次高官会、5次中阿高官级战略政治对话，以及多领域的专题研讨会，如：企业家大会、经贸研讨会、能源合作大会、文明对话研讨会、高等教育与科研合作研讨会、新闻合作论坛、环境保护合作、人力资源培训等。

在该论坛框架下，习近平主席分别于2014年、2016年和2018年三次面向阿拉伯世界作政策宣示，充分显示出中国对加强与阿方合作的高度重视。2018年7月在北京召开的中阿合作论坛第八届部长级会议上，中国与阿拉伯国家共同发表了《中国和阿拉伯国家合作共建"一带一路"行动宣言》和《中国—阿拉伯国家合作论坛2018年至2020年行动执行计划》，既确立了共建"一带一路"为中国与阿拉伯国家发展关系的指导思想，也根据现实情况列出优先合作领域和具体行动计划。

在中阿合作论坛框架下，阿尔及利亚与中国签署了共建"一带一路"合作文件和产能合作文件。阿尔及利亚是中国"北斗"系统国家合作的重要对象国和中国公民组团出境旅游目的地国,两国间已于2017年开通直接航线。两国在基础设施建设、人文交流、可以合作等各领域的交往都在阿拉伯国家中位于前列。中阿合作论坛是中国与阿尔及利亚合作交往的重要平台。

中阿双方都曾表示愿共同适应新形势,加强在中非和中阿两个合作论坛框架内的战略协调与配合,落实好中非合作论坛北京峰会和中阿合作论坛会议成果,共同推动中非、中阿关系进一步发展。在互利共赢原则的指导下,双方共同推动"一带一路"建设将会给两国在政治、经济、社会和文化等领域的全面战略合作伙伴关系带来强劲动力,进一步巩固两国业已取得的成果。

此外,智库交流也已成为两国间关系发展的重要支撑。当前,中国有多家专门从事非洲和阿拉伯世界研究的智库与阿尔及利亚大学、阿尔及利亚中国友好协会等机构保持交流与合作。2018年9月3日,习近平主席在中非合作论坛北京峰会开幕式讲话中提出,重点实施对非合作"八大行动";并宣布"中国决定设立中国非洲研究院,同非方深化文明互鉴"。设立中国非洲研究院被列为"八大行动"中"人文交流行动"首项任务。2019 年 4 月 9 日，中国非洲研究院正式宣告成立，成为中国与阿尔及利亚深入交流、加强合作的又一个重要平台。

中国非洲研究院旨在同非洲各国深化文明互鉴，加强治理和发展经验交流，为中非共同推进"一带一路"合作，共同建设面向未来的中非全面战略合作伙伴关系，共同构筑更加紧密的中非命运共同体提供智力支持和人才支撑。中国非洲研究院将着力发挥交流平台作用，密切中非学术交往，深化相互了解，促进人心相通；发挥研究基地作用，组织开展共同研究，助力中非共建"一带一路"；发挥人才高地作用，为中非合作培养高端专业人才；发挥传播窗口作用，讲好中非友好合作故事。

未来，中国与阿尔及利亚的友好合作必将在现有基础上继续提升。在"一带一路"框架下的双边合作将会进一步增强两国的政治互信，推动双方在重大国际和地区问题上的协调与合作，进一步维护两国的共同利益，推动两国实现在发展、安全和稳定方面的共同事业。中阿两国将在长期友好合作中加强文化沟通与交融，从而增进相互了解和理解。随着中国企业长年深耕阿尔及利亚，不少阿民众和企业对中国传统文化有了更加深入的了解，并抱有浓厚兴趣。中国企业在阿尔及利亚投资时宜将中国文化同"入乡随俗"有机结合起来,在与阿方交往中,主动介绍中阿文化的差异之处,以便阿方更好地了解中国企业的投资理念和目的。还可结合中国传统佳节,以合适的方式与当地员工甚至社区共同庆祝,增进彼此间的了解和感情,营造有利于中国发展的外部环境。

参考文献

习近平：《之江新语》，浙江人民出版社2007年版。

《习近平三句话概括中美新型大国关系》，http：//world.people.com.cn/n/2013/0610/c364320-21807158.html，2013年6月10日。

《习近平在亚非领导人会议上的讲话（全文）》，http：//www.xinhuanet.com/world/2015-04/22/c_1115057390.htm，2015年4月22日。

《中共中央关于制定国民经济和社会发展第十三个五年规划的建议》，2015年11月3日。

《安不忘危　本固邦宁　习近平总体安全观筑牢国家安全防线》，http：//news.cnr.cn/native/gd/20170415/t20170415_523709129.shtml，2017年4月15日。

哈桑纳·拉贝希：《阿尔及利亚：一带一路开拓阿中合作新未来》，《中国投资》2016年第1期。

贾迈勒·鲁阿纳：《中国制造即将成为优质产品的代名

词》，http：//politics.rmlt.com.cn/2016/1020/442762.shtml，2016年10月20日。

伊斯梅尔·达贝什：《为共创繁荣注入新动力》，《人民日报》2018年9月17日。

赵慧杰编著：《阿尔及利亚》，社会科学文献出版社2006年版。

《中国关于新安全观的立场文件》，https：//www.fmprc.gov.cn/web/ziliao_674904/tytj_674911/zcwj_674915/t4549.shtml，2002年7月31日。

王金岩，中国社会科学院西亚非洲研究所副研究员，主要从事阿拉伯国家的政治、社会问题研究。